Monet 2009

teNeues

Published by teNeues Verlag,
Am Selder 37, 47906 Kempen, Germany,
Tel.: (02152) 916-0, Fax: (02152) 916-111,
e-mail: verlag@teneues.de,
teNeues Publishing Company,
16 West 22nd Street, New York, NY 10010, USA,
Tel: (800) 352-0305, Fax: (212) 627-9511,
teNeues Publishing UK, London
and teNeues France, Paris
www.teneues.com
© 2008 teNeues Verlag and teNeues Publishing Company
ISBN: 978-3-8327-**2894**-**6**
All rights reserved.

While we strive for utmost precision in every detail, we cannot be held responsible
for any inaccuracies, neither for any subsequent loss or damage arising.

Wir sind um größte Genauigkeit in allen Details bemüht,
können jedoch eine Haftung für die Korrektheit nicht übernehmen.
Die Geltendmachung von Mängelfolgeschäden ist ausgeschlossen.

Nous nous efforçons d'être extrêmement précis dans les moindres détails,
mais nous ne pouvons pas assurer l'exactitude. Toute réclamation est exclue.

This teNeues calendar is printed on environmentally safe, chlorine-free paper.
Der Umwelt zuliebe wurde dieser teNeues Kalender auf chlorfrei gebleichtem Papier gedruckt.

Cover:
CLAUDE MONET (1840-1926)
Bordighera (detail/Detail/détail), 1884
Oil on canvas/Öl auf Leinwand/Huile sur toile, 65 x 81 cm
Potter Palmer Collection. Art Institute, Chicago
Photo © akg-images/Erich Lessing

Claude Monet
(1840-1926)

The great French Impressionist Claude Monet was born to an affluent family in 1840 and grew up in the port town of Le Havre on the northern coast of France. He took an intense interest in art at an early age, producing caricatures of local personalities.

He was soon accepted by the private art school of the academy painter Charles Gleyre, where his fellow students included August Renoir, Frédéric Bazille and Alfred Sisley. While Monet learned the techniques of traditional painting under Gleyre, he developed a great admiration for the masters of the avant-garde and became acqainted with the work of Jean-Baptiste Corot, Gustave Courbet and Edouard Manet, as well as the latest developments in the fields of naturalism and realism.

In the 1860s, Monet and other artists he had befriended at the Atelier Gleyre developed a new and spontaneous style of painting which attempted to capture the fleeting moment rather than imitate reality. The "impressionist" style concentrated on the nature of color instead of the nature of the objects portrayed and represented subjects through rapid, sketchy brushstrokes. The artistic establishment was unreceptive to the new style, and impressionist paintings were rejected by the "Salon", the official exhibition of the French

Academy of Art in Paris. The impressionists responded by mounting their own independent exhibition. Their ideas began to gain acceptance, but members of the group soon went their own ways. Monet withdrew to his country estate at Giverny, north of Paris. He painted one picture after another of the flowers in his garden and the lily-ponds he had designed. Undeterred by gradually failing health, he continued to paint until his death in 1926.

Claude Monet

Der große französische Impressionist Claude Monet kam 1840 in einer wohlhabenden Familie in der Hafenstadt Le Havre an der französischen Nordküste zur Welt und wuchs dort auf. Schon früh interessierte er sich für die Malerei und zeichnete Karikaturen lokaler Persönlichkeiten.

Bald wurde er an der privaten Kunstschule des Akademiemalers Charles Gleyre aufgenommen, bei dem auch Auguste Renoir, Frédéric Bazille und Alfred Sisley studierten. Während Monet bei Gleyre die traditionelle Malweise erlernte, wuchs seine Bewunderung für die Meister der Avantgarde und er lernte die Arbeiten Jean-Baptiste Corots, Gustave Courbets und Edouard Manets kennen.

In den sechziger Jahren des 19. Jahrhunderts entwickelten Monet und andere Künstler, mit denen er sich in Gleyres Atelier angefreundet hatte, einen neuen, unmittelbaren Malstil, der den flüchtigen Augenblick und nicht mehr die

Realität festzuhalten trachtete. Der „impressionistische" Stil konzentrierte sich auf die Natur der Farbe und nicht auf die Natur der dargestellten Gegenstände, die mit raschem, flüchtigem Pinselstrich festgehalten wurden. Die etablierte Kunstszene vermochte dem neuen Stil nichts abzugewinnen und impressionistische Bilder wurden beim „Salon", der offiziellen Schau der französischen Kunstakademie in Paris, nicht zugelassen. Die Impressionisten reagierten darauf mit einer eigenen unabhängigen Ausstellung. Ihre Ideen wurden allmählich angenommen, doch bald gingen die Mitglieder der Gruppe jeweils ihrer eigenen Wege. Monet zog sich auf seinen Landsitz in Giverny nördlich von Paris zurück. Er malte unablässig die Blumen seines Gartens und die von ihm angelegten Seerosenteiche. Auch sein sich stetig verschlechternder Gesundheitszustand hielt ihn nicht davon ab, bis zu seinem Tod im Jahre 1926 zu malen.

Claude Monet

Le grand impressionniste français Claude Monet est né en 1840 au sein d'une famille aisée dans la ville portuaire du Le Havre sur les côtes nord de la France, et a grandi là. Il s'intéresse dès son jeune âge à la peinture, et dessine des caricatures de personnalités de l'endroit.

Il rentre bientôt à l'académie privée des Beaux-Arts de Charles Gleyre, auprès duquel étudient également Auguste Renoir, Frédéric Bazille et Alfred Sisley. Alors que l'artiste apprend avec Gleyre l'art de peindre traditionnel, son admiration grandit pour les maîtres de l'avant-garde et il découvre les œuvres de Jean-Baptiste Corot, de Gustave Courbet et d'Edouard Manet.

Monet et d'autres artistes, avec lesquels il s'était lié d'amitié dans l'atelier de Gleyre, développent au cours des années 60 du 19e siècle, un nouveau style de peinture qui tend à retenir l'instant fugitif et non plus la réalité. Le style « impressionniste » se concentre sur la nature des couleurs et non sur la nature des objets représentés qui sont retenus en rapides et fugitifs coups de pinceau. La scène artistique établie n'apprécie pas ce nouveau style, et les toiles impressionnistes ne seront pas acceptées au Salon, exposition officielle de l'Académie des Beaux-Arts de Paris. Les impressionnistes réagissent en organisant leur propre exposition. Leurs idées sont peu à peu acceptées; cependant les membres du groupe feront bientôt chacun leur propre chemin. Monet se retire dans sa maison de campagne à Giverny au nord de Paris. Il peint sans cesse les fleurs de son jardin et les nymphéas de ses étangs. L'aggravation continuelle de son état de santé ne l'empêchera pas de peindre jusqu'à sa mort en 1926.

Claude Monet

Il grande impressionista francese Claude Monet nacque da famiglia benestante nel 1840 nella città portuale di Le Havre, sulla costa della Francia settentrionale, dove passò l'infanzia e l'adolescenza. Cominciò ad interessarsi alla pittura molto presto, disegnando caricature di personalità locali.

Venne presto ammesso alla scuola d'arte privata del pittore accademico Charles Gleyre, presso il quale avevano studiato anche Auguste Renoir, Frédéric Bazille e Alfred Sisley. Mentre Monet imparava da Gleyre la pittura tradizionale, cresceva in lui l'ammirazione per i maestri dell' avantgarde, venendo a conoscere le opere di Jean-Baptiste Corot, Gustave Courbert e Edouard Manet.

Negli anni sessanta del diciannovesimo secolo, Monet ed altri artisti, con i quali aveva fatto amicizia nell'atelier di Gleyre, misero a punto uno stile pittorico nuovo, diretto, il quale mirava ad immortalare l'attimo sfuggente e non più la realtà. Lo stile "impressionistico" era concentrato sulla natura del colore e non sulla natura degli oggetti rappresentati i quali venivano fissati sulla tela con pennellate veloci e frettolose. Coloro che facevano parte del mondo dell'arte affermata non riuscivano ad apprezzare questo stile ed i quadri impressionistici non vennero ammessi al "Salon", l'esposizione ufficiale dell'accademia delle arti francese a Parigi. Gli impressionisti reagirono con una mostra propria ed indipendente. Le loro idee furono accettate pian piano, benchè i membri del gruppo andassero ognuno per la propria strada. Monet si ritirò nella sua tenuta di campagna a Giverny, a nord di Parigi. Dipingeva incessantemente i fiori del suo giardino e gli stagni di ninfee, da lui stesso progettati. Perfino le sue condizioni di salute sempre peggiori non lo trattennero dal continuare a dipingere fino alla morte, avvenuta nel 1926.

Claude Monet

El gran impresionista francés Claude Monet nació en una familia biensituada de la ciudad marítima Le Havre, en la costa del norte de Francia el año 1840 y creció allí. Ya desde su infancia se interesaba por la pintura y dibujaba caricaturas de personalidades locales.

Pronto fue admitido a la Academia de Arte privada del pintor de la Academia de Bellas Artes, Charles Gleyre, con quien también estudiaron Auguste Renoir, Frédéric Bazille y Alfred Sisley. Mientras Monet aprendía la manera tradicional de pintar con Gleyre, creció su admiración por los maestros de la Vanguardia y conoció el trabajo de Jean-Baptiste Corot, Gustave Courbet y Edouard Manet.

En los años sesenta del siglo XIX Monet y otros artistas de los cuales se había hecho amigo en el estudio de Gleyre, crearon una nueva y directa manera de pintar que procuraba captar el momento fugaz y no más la realidad. El estilo "impresionista" se concentraba en la naturaleza del color y no en la condición natural de los objetos reproducidos que eran captados con rápidos y ligeros toques del pincel. El círculo del arte establecido, no pudo sacar gusto al nuevo estilo así que las pinturas impresionistas no fueron admitidas al "Salon", la exposición oficial de la Academia francesca de Bellas Artes en París. Los impresionistas reaccionaron organizando una exposición por separado. Poco a poco sus ideas fueron aceptadas, sin embargo al poco tiempo cada uno de los miembros del grupo empezó a seguir su camino propio. Monet se retiró a su quinta en Giverny, al norte de París. Pintaba sin cesar las flores de su jardín y los estanques de nenúfares que había plantado él mismo. Incluso su estado de salud que empeoraba continuamente no le hizo desistir de pintar hasta su muerte en el año 1926.

Claude Monet

De grote Franse impressionist Claude Monet kwam in 1840 ter wereld in een welgesteld gezin in de havenstad Le Havre, aan de Noord-Franse kust, waar hij ook opgroeide. Hij toont al vroeg belangstelling voor schilderkunst en tekende karikaturen van locale persoonlijkheden.

A snel mocht hij de lessen volgen aan de kunstenaarsopleiding van de Academischilder Charles Gleyre, bij wie ook Auguste Renoir, Frédéric Bazille en Alfred Sisley studeerden. Terwijl Monet bij Gleyre de traditionele schildertechnieken leerde, groeide zijn bewondering voor de meesters van de toenmalige avant-garde, en maakte hij kennis met het werk van Jean-Baptiste Corot, Gustave Courbet en Edouard Manet.

In de jaren zestig van de 19e eeuw ontwikkelden Monet en andere kunstenaars, met wie hij op Gleyres atelier bevriend was geraakt, een nieuwe, rechtstreekse schilderstijl, die het vluchtige moment wilde vangen en niet langer probeerde vast te houden aan de realiteit. Deze "impressionistische" stijl concentreerde zich op het natuurlijke karakter van de kleur. Het was niet langer de natuur zelf maar de natuur van de uitgebeelde onderwerpen, die met een snelle, vluchtige penseelstreek werden vastgelegd. De gevestigde kunst-wereld kon geen enkele waardering opbrengen voor de nieuwe stijl en de impressionistische doeken werden in de "Salon", de officiële expositie van de Franse Academie voor Beeldende Kunst in Parijs niet toegelaten. De impressio-nisten reageerden daarop met een eigen, onafhankelijke expositie. Hun ideeën raakten allengs meer geaccepteerd, doch al spoedig gingen de leden van de groep elk hun eigen weg. Monet trok zich terug op zijn landgoed Giverny, ten noorden van Parijs. Hij maakte daar hele series schilderijen van de bloemen in zijn tuin en in de door hemzelf aange-legde waterlelievijver. Zelfs zijn steeds verslechterende gezondheid weerhield hem er niet van om tot aan zijn dood, in 1926, door te schilderen.

Información Personal Persönliche Daten **Personal Data**
Dati Personali Informations Personnelles Persoonlijke Gegevens

Name Name Nom Nome Nombre Naam

Address Adresse Adresse Indirizzo Dirección Adres

Tel / Mobile

Fax

E-mail

www

Company Firma Société Ditta Compañía Gezelschap

Address Adresse Adresse Indirizzo Dirección Adres

Tel / Mobile

Fax

E-mail

www

Notes Notizen Notes Note Apuntes Notities

World Time Differences Internationale Zeitunterschiede
Fuseaux horaires Fusi Orari Diferencias De Horas Internacionales
International Tijdsverschillen

Abu Dhabi	+4	Edinburgh	0	New Delhi	+5$^1/_2$
Accra	0	Edmonton	-7	New York	-5
Addis Ababa	+3	Frankfurt	+1	Oslo	+1
Alexandria	+2	Freetown	0	Ottawa	-5
Algiers	+1	Geneva	+1	Paris	+1
Amman	+2	Glasgow	0	Port-au-Prince	-5
Amsterdam	+1	Halifax	-4	Prague	+1
Anchorage	-9	Harare	+2	Pyongyang	+9
Antigua (St. John's)	-4	Havana	-5	Rangoon	+6$^1/_2$
Athens	+2	Helsinki	+2	Reykjavik	0
Atlanta	-5	Ho Chi Minh	+7	Rio de Janeiro	-3
Auckland	+12	Hong Kong	+8	Riyadh	+3
Azores	-1	Honolulu	-10	Rome	+1
Baghdad	+3	Houston	-6	San Juan	-4
Baku	+4	Istanbul	+2	Santiago	-4
Bangkok	+7	Jakarta	+7	Sao Paulo	-3
Barcelona	+1	Jerusalem	+2	Sarajevo	+1
Basra	+3	Johannesburg	+2	Saskatchewan (Regina)	-6
Beijing	+8	Kabul	+4$^1/_2$	Seoul	+9
Beirut	+2	Karachi	+5	Shanghai	+8
Belfast	0	Kathmandu	+5$^3/_4$	Singapore	+8
Belize City	-6	Khartoum	+3	Sofia	+2
Berlin	+1	Kuala Lumpur	+8	St. Louis	-6
Bern	+1	Kuwait City	+3	St. Petersburg	+3
Bogota	-5	Lagos	+1	Stockholm	+1
Bombay	+5$^1/_2$	La Paz	-4	Sydney	+10
Brussels	+1	Lima	-5	Taipei	+8
Budapest	+1	Lisbon	0	Tehran	+3$^1/_2$
Buenos Aires	-3	Ljubljana	+1	Timbuktu	0
Cairo	+2	London	0	Tokyo	+9
Calcutta	+5$^1/_2$	Los Angeles	-8	Toronto	-5
Calgary	-7	Madrid	+1	Tunis	+1
Caracas	-4	Managua	-6	Ulaan Baator	+8
Casablanca	0	Manila	+8	Vancouver	-8
Chicago	-6	Martinique (Fort-de-France)	-4	Vienna	+1
Copenhagen	+1	Melbourne	+10	Vladivostok	+10
Curaçao	-4	Mexico City	-6	Volgograd	+3
Dakar	0	Mogadishu	+3	Warsaw	+1
Damascus	+2	Montevideo	-3	Winnipeg	-6
Dar-es-Salaam	+3	Montreal	-5	Yokohama	+9
Denver	-7	Moscow	+3	Zurich	+1
Dublin	0	Nairobi	+3		

* Please note that the above numbers are according to Winter Standard Time. For those countries which participate in Daylight Saving Time, please add one hour during the summer months. Time differences added/subtracted from GMT (Greenwich Mean Time).

Internationale Vorwahlnummern   International Dialing Codes
Codes Internationaux

from \ to	(A)	(B)	(DK)	(FIN)	(F)	(D)	(GB)	(GR)	(I)	(L)	(NL)	(N)	(PL)	(P)	(E)	(S)	(CH)	(USA)
(A)	-	00-32	00-45	00-358	00-33	00-49	00-44	00-30	00-39	00-352	00-31	00-47	00-48	00-351	00-34	00-46	00-41	00-1
(B)	00-43	-	00-45	00-358	00-33	00-49	00-44	00-30	00-39	00-352	00-31	00-47	00-48	00-351	00-34	00-46	00-41	00-1
(DK)	00-43	00-32	-	00-358	00-33	00-49	00-44	00-30	00-39	00-352	00-31	00-47	00-48	00-351	00-34	00-46	00-41	00-1
(FIN)	00-43	00-32	00-45	-	00-33	00-49	00-44	00-30	00-39	00-352	00-31	00-47	00-48	00-351	00-34	00-46	00-41	00-1
(F)	00-43	00-32	00-45	00-358	-	00-49	00-44	00-30	00-39	00-352	00-31	00-47	00-48	00-351	00-34	00-46	00-41	00-1
(D)	00-43	00-32	00-45	00-358	00-33	-	00-44	00-30	00-39	00-352	00-31	00-47	00-48	00-351	00-34	00-46	00-41	00-1
(GB)	00-43	00-32	00-45	00-358	00-33	00-49	-	00-30	00-39	00-352	00-31	00-47	00-48	00-351	00-34	00-46	00-41	00-1
(GR)	00-43	00-32	00-45	00-358	00-33	00-49	00-44	-	00-39	00-352	00-31	00-47	00-48	00-351	00-34	00-46	00-41	00-1
(I)	00-43	00-32	00-45	00-358	00-33	00-49	00-44	00-30	-	00-352	00-31	00-47	00-48	00-351	00-34	00-46	00-41	00-1
(L)	00-43	00-32	00-45	00-358	00-33	00-49	00-44	00-30	00-39	-	00-31	00-47	00-48	00-351	00-34	00-46	00-41	00-1
(NL)	00-43	00-32	00-45	00-358	00-33	00-49	00-44	00-30	00-39	00-352	-	00-47	00-48	00-351	00-34	00-46	00-41	00-1
(N)	00-43	00-32	00-45	00-358	00-33	00-49	00-44	00-30	00-39	00-352	00-31	-	00-48	00-351	00-34	00-46	00-41	00-1
(PL)	00-43	00-32	00-45	00-358	00-33	00-49	00-44	00-30	00-39	00-352	00-31	00-47	-	00-351	00-34	00-46	00-41	00-1
(P)	00-43	00-32	00-45	00-358	00-33	00-49	00-44	00-30	00-39	00-352	00-31	00-47	00-48	-	00-34	00-46	00-41	00-1
(E)	07-43	07-32	07-45	07-358	07-33	07-49	07-44	07-30	07-39	07-352	07-31	07-47	07-48	07-351	-	07-46	07-41	07-1
(S)	009-43	009-32	009-45	009-358	009-33	009-49	009-44	009-30	009-39	009-352	009-31	009-47	009-48	009-351	009-34	-	009-41	009-1
(CH)	00-43	00-32	00-45	00-358	00-33	00-49	00-44	00-30	00-39	00-352	00-31	00-47	00-48	00-351	00-34	00-46	-	00-1
(USA)	011-43	011-32	011-45	011-358	011-33	011-49	011-44	011-30	011-39	011-352	011-31	011-47	011-48	011-351	011-34	011-46	011-41	-

"To place an international telephone call, dial the international access code (e.g. 011 in U.S.), the country code number, and then the local number." *without guarantee

Alphabet Phonétique   Buchstabier-Alphabet   Phonetic Alphabet

	(D)	(GB)	(USA)	(F)	International (aero)	NATO
A	Anton	Andrew	Abel('eibel)	Alpha	Alfa	Alfa
Ä	Ärger					
B	Berta	Benjamin	Baker	Bravo	Bravo	Bravo
C	Cäsar	Charlie	Charlie	Charlie	Coca	
Ch	Charlotte					
D	Dora	David	Dog	Delta	Delta	Delta
E	Emil	Edward	Easy	Echo	Echo	Echo
F	Friedrich	Frederick	Fox	Fox	Foxtrott	Foxtrott
G	Gustav	George	George	Golf	Golf	Golf
H	Heinrich	Harry	How	Hotel	Hotel	Hotel
I	Ida	Isaac	Item	India	India	India
J	Julius	Jack	Jig	Juliet	Juliet	Juliet
K	Kaufmann	King	King	Kilo	Kilo	Kilo
L	Ludwig	Lucy	Love	Lima	Lima	Lima
M	Martha	Martha	Mike	Mike	Metro	Mike
N	Nordpol	Nellie	Nan	November	Nectar	November
O	Otto	Oliver	Oboe	Oscar	Oscar	Oscar
Ö	Ökonom		(Oubou)			
P	Paula	Peter	Peter	Papa	Papa	Papa
Q	Quelle	Queenie	Queen	Quebec	Quebec	Quebec
R	Richard	Robert	Roger	Romeo	Romeo	Romeo
S	Samuel	Sugar	Sugar	Sierra	Sierra	Sierra
Sch	Schule					
T	Theodor	Tommy	Tara	Tango	Tango	Tango
U	Ulrich	Uncle	Uncle	Uniform	Union	Uniform
Ü	Übermut					
V	Viktor	Victor	Victor	Victor	Victor	Victor
W	Wilhelm	William	William	Whiskey	Whiskey	Whiskey
X	Xanthippe	Xmas	X (Eks)	Xray	Extra	X-Ray
Y	Ypsilon	Yellow	Yoke	Yankee	Yankee	Yankee
Z	Zeppelin	Zebra	Zebra	Zulu	Zulu	Zulu

International Hotels Internationale Hotels Hôtels Internationaux
Alberghi Internazionali Hoteles Internacionales Internationale Hotels

Luxury Hotels

Hotel Astoria (RUS)
39 Bolshaya Morskaya Str.
190000 St. Petersburg
www.astoria.spb.ru
Tel.: +7 (812) 313 5757
Fax: +7 (812) 313 5059

Stoke Park Club (UK)
Park Road, Stoke Poges
Buckinghamshire
SL2 4PG
www.stokeparkclub.com
Tel.: +44 (1753) 717 171
Fax: +44 (1753) 717 181

Knightsbridge (UK)
10 Beaufort Gardens
London
SW3 1PT
www.firmdale.com
Tel.: +44 (20) 7584 6300
Fax: +44 (20) 7584 6355

Threadneedles (UK)
5 Threadneedles Street
London
EC2R 8AY
www.etontownhouse.com
Tel.: +44 (20) 7657 8080
Fax: +44 (20) 7657 8100

Hotel Pulitzer (NL)
Prinsengracht 315-331
1016 GZ Amsterdam
www.starwood.com/luxury
Tel.: +31 (20) 523 5235
Fax: +31 (20) 627 6753

Amigo (B)
Rue de l'Amigo 1-3
1000 Brussels
www.hotelamigo.com
Tel.: +32 (2) 547 4747
Fax: +32 (2) 513 5277

The Regent Schlosshotel Berlin (D)
Brahmsstraße 10
14193 Berlin
www.schlosshotelberlin.com
Tel.: +49 (30) 8958 40
Fax: +49 (30) 8958 4800

Hotel zur Bleiche (D)
Bleichestraße 16
03096 Burg/Spreewald
www.hotel-zur-bleiche.de
Tel.: +49 (35603) 620
Fax: +49 (35603) 602 92

Grand Hotel Heiligendamm (D)
18209 Heiligendamm
www.kempinski-heiligendamm.de
Tel.: +49 (38203) 740 0
Fax: +49 (38203) 740 7474

Mandarin Oriental (D)
Neuturmstraße 1
80331 München
www.mandarinoriental.com
Tel.: +49 (89) 290 980
Fax: +49 (89) 222 539

La Réserve (CH)
301, Route de Lausanne
1293 Genève
www.lareserve.ch
Tel.: +41 (22) 959 5959
Fax: +41 (22) 959 5960

Palace Luzern (CH)
Haldenstraße 10
6002 Luzern
www.palace-luzern.ch
Tel.: +41 (41) 416 1616
Fax: +41 (41) 416 1000

Hôtel Palafitte (CH)
2 Route des Gouttes d'Or
2008 Neuchâtel
www.palafitte.ch
Tel.: +41 (32) 723 0202
Fax: +41 (32) 723 0203

Hôtel des Trois Couronnes (CH)
49, rue d'Italie
1800 Vevey
www.hoteldestroiscouronnes.com
Tel.: +41 (21) 923 3200
Fax: +41 (21) 923 3399

Hotel Imperial (A)
Kärntner Ring 16
1015 Wien
www.starwood.com/luxury
Tel.: +43 (1) 501 100
Fax: +43 (1) 5011 0410

Plaza Athénée (F)
25, Avenue Montaigne
75008 Paris
www.plaza-athenee-paris.com
Tel.: +33 (1) 5367 6665
Fax: +33 (1) 5367 6666

Château de Massillan (F)
Chemin Hauteville
84100 Uchaux
www.chateau-de-massillan.com
Tel.: +33 (490) 406 451
Fax: +33 (490) 406 385

Villa d'Este (I)
Via Regina, 40
22012 Como
www.villadeste.com
Tel.: +39 (031) 348 1
Fax: +39 (031) 348 844

Villa San Michele (I)
Via Doccia, 4
50014 Firenze
www.villasanmichele.orient-express.com
Tel.: +39 (055) 567 8200
Fax: +39 (055) 567 8250

Villa Feltrinelli (I)
Via Rimembranza 38-40
25084 Gargnano
www.villafeltrinelli.com
Tel.: +39 (0365) 798 000
Fax: +39 (0365) 798 001

Four Seasons Hotel Milano (I)
Via Gesù 8
20121 Milano
www.fourseasons.com/milan
Tel.: +39 (02) 7708 8
Fax: +39 (02) 7708 5000

Brufani Palace (I)
Piazza Italia 12
06100 Perugia
www.sinahotels.com
Tel.: +39 (075) 573 2541
Fax: +39 (075) 572 0210

Hotel de Russie (I)
Via del Babuino 9
00187 Roma
www.hotelderussie.it
Tel.: +39 (06) 3288 81
Fax: +39 (06) 3288 8888

Bauer Venezia (I)
San Marco 1459
30124 Venezia
www.bauervenezia.com
Tel.: +39 (041) 520 7022
Fax: +39 (041) 520 7557

Danieli (I)
Castello 4196
30122 Venezia
www.starwood.com/luxury
Tel.: +39 (041) 522 6480
Fax: +39 (041) 520 0208

San Clemente Palace (I)
Isola di San Clemente, 1
30124 Venezia
www.sanclemente.thi.it
Tel.: +39 (41) 244 5001
Fax: +39 (41) 244 5800

Choupana Hills Resort & Spa (P)
Travessa do Largo da Choupana
9050-286 Funchal
www.choupanahills.com
Tel.: +351 (291) 206 020
Fax: +351 (291) 206 021

Hôtels Internationaux Internationale Hotels International Hotels
Internationale Hotels Hoteles Internacionales Alberghi Internazionali

Palácio Belmonte (P)
Páteo Dom Fradique 14
1100-624 Lisboa
www.palaciobelmonte.com
Tel.: +351 (21) 881 6600
Fax: +351 (21) 881 6609

Gran Hotel La Florida (E)
Carretera de Vallvidrera al Tibidabo 83-93
8035 Barcelona
www.hotellaflorida.com
Tel.: +34 (93) 259 3000
Fax: +34 (93) 259 3001

Hesperia (E)
Paseo de la Castellana 57
28046 Madrid
www.hesperia-madrid.com
Tel.: +34 (91) 210 8800
Fax: +34 (91) 210 8899

Rio Real Golf Hotel (E)
Urbanización Rio Real
29600 Marbella
www.rioreal.com
Tel.: +34 (952) 765 732
Fax: +34 (952) 772 140

Hotel Alfonso XIII (E)
San Fernando 2
41004 Sevilla
www.westin.com/hotelalfonso
Tel.: +34 (95) 491 7000
Fax: +34 (95) 491 7099

Grand Resort Lagonissi (GR)
40 km Athens-Sounio Ave.
19010 Lagonissi
www.lagonissiresort.gr
Tel.: +30 (22910) 760 00
Fax: +30 (22910) 245 34

Danai Beach Resort (GR)
Nikiti
63088 Chalkidiki
www.danai-beach.gr
Tel.: +30 (23750) 223 10
Fax: +30 (23750) 225 91

Belvedere Hotel (GR)
School of Fine Arts District
84600 Mykonos
www.belvederehotel.com
Tel.: +30 (2289) 0 251 22
Fax: +30 (2289) 0 251 26

Almyra (CY)
P.O. Box 60136
8125 Pafos
www.thanoshotels.com/paphos/pbhfrm.html
Tel.: +357 (26) 933 091
Fax: +357 (26) 942 818

Cosmopolitan Hotels

Hotel St-Paul (CDN)
355 rue McGill
Montreal, Quebec H2Y 2E8
www.hotelstpaul.com
Tel.: +1 514 380 2220
Fax: +1 514 380 2200

Hôtel Le Germain (CDN)
2050 rue Mansfield
Montreal, Quebec H3A 1Y9
www.hotelgermain.com
Tel.: +1 514 849 2050
Fax: +1 514 849 1437

ARC The Hotel (CDN)
140 Slater Street
Ottawa, Ontario K1P 5H6
www.arcthehotel.com
Tel.: +1 613 238 2888
Fax: +1 613 235 8421

Opus Hotel (CDN)
322 Davie Street
Vancouver, British Columbia U6B 5Z6
www.opushotel.com
Tel.: +1 604 642 6787
Fax: +1 604 642 6780

Hotel Lucia (USA)
400 SW Broadway
Portland, Oregon 97205
www.hotellucia.com
Tel.: +1 503 225 1717
Fax: +1 503 225 1919

Chateau Marmont (USA)
8221 Sunset Boulevard
West Hollywood, California 90046
www.chateaumarmont.com
Tel.: +1 323 656 1010
Fax: +1 323 655 5311

Sunset Marquis Hotel and Villas (USA)
1200 Alta Loma Road
West Hollywood, California 90069
www.sunsetmarquishotel.com
Tel.: +1 310 657 1333
Fax: +1 310 657 1330

The Ambrose Hotel (USA)
1255 20th Street
Santa Monica, California 90404
www.ambrosehotel.com
Tel.: +1 310 315 1555
Fax: +1 310 315 1556

Loft 523 (USA)
523 Gravier Street
New Orleans, Louisiana 70130
www.loft523.com
Tel.: +1 504 200 6523
Fax: +1 504 200 6522

The Shore Club (USA)
1901 Collins Avenue
South Beach, Miami, Florida 33139
www.shoreclub.com
Tel.: +1 305 695 3100
Fax: +1 305 695 3277

Tides (USA)
1220 Ocean Drive
Miami Beach, Florida 33139
www.islandoutpost.com/tides
Tel.: +1 305 604 5070
Fax: +1 305 604 5180

The Bryant Park (USA)
40 W 40th Street
New York, New York 10018
www.bryantparkhotel.com
Tel.: +1 212 869 0100
Fax: +1 212 869 4446

Chambers A Hotel (USA)
15 W 56th Street
New York, New York 10019
www.chambersnyc.com
Tel.: +1 212 974 5656
Fax: +1 212 974 5657

Sixty Thompson (USA)
60 Thompson Street
New York, New York 10012
www.60thompson.com
Tel.: +1 212 204 6465
Fax: +1 212 431 0200

The Time (USA)
224 W 49th Street
New York, New York 10019
www.thetimeny.com
Tel.: +1 212 980 9060
Fax: +1 212 245 2305

W Times Square (USA)
1567 Broadway/47th Street
New York, New York 10036
www.whotels.com
Tel.: +1 212 930 7400
Fax: +1 212 930 7500

The Water Club (PR)
2 Tartak Street
Isla Verde, San Juan
Carolina, Puerto Rico 00979
www.waterclubsanjuan.com
Tel.: +1 787 728 3666
Fax: +1 787 728 3610

International Hotels   Internationale Hotels   Hôtels Internationaux
Alberghi Internazionali   Hoteles Internacionales   Internationale Hotels

Design Suites (AR)
Marcelo T. de Alvear 1683
Buenos Aires, 1060
www.designsuites.com
Tel.: +54 11 4814 8700
Fax: +54 11 4814 8700

Hotel Unique (BR)
Av Brigadeiro Luís Antônio, 4700
Jd. Paulista, São Paulo
CEP 01402-002
www.hotelunique.com.br
Tel.: +55 11 3055 4710
Fax: +55 11 3889 8100

Hotel Birger Jarl (S)
Tulegatan 8
10432 Stockholm
www.birgerjarl.se
Tel.: +46 8 674 1800
Fax: +46 8 673 7366

Nordic Light Hotel (S)
Vasaplan, Box 884
10137 Stockholm
www.nordichotels.se
Tel.: +46 8 5056 3000
Fax: +46 8 5056 3060

Radisson SAS Royal Hotel (DK)
Hammerichsgade 1
Copenhagen DK-1611
www.radissonsas.com
Tel.: +45 33 42 60 00
Fax: +45 33 42 61 00

The Glasshouse (UK)
2 Greenside Place
Edinburgh EH1 3AA
www.etontownhouse.com
Tel.: +44 131 525 8200
Fax: +44 131 525 8205

Charlotte Street Hotel (UK)
15-17 Charlotte Street
London W1T 1RJ
www.charlottestreethotel.com
Tel.: +44 20 7806 2000
Fax: +44 20 7806 2002

Sherlock Holmes Hotel (UK)
108 Baker Street
London W1U 6LJ
www.sherlockholmeshotel.com
Tel.: +44 20 7958 5222
Fax: +44 20 7958 5223

The Lowry Hotel (UK)
50 Dearmans Place
Chapel Wharf
Manchester M3 5LH
www.thelowryhotel.com
Tel.: +44 161 827 4000
Fax: +44 161 827 4001

Hotel Brandenburger Hof (D)
Eislebener Straße 14
10789 Berlin
www.brandenburgerhof.com
Tel.: +49 30 21405 0
Fax: +49 30 21405 100

Grand Hyatt Berlin (D)
Marlene-Dietrich-Platz 2
10785 Berlin
www.berlin.grand.hyatt.de
Tel.: +49 30 2553 1234
Fax: +49 30 2553 1235

Madison Potsdamer Platz (D)
Potsdamer Straße 3
10785 Berlin
www.madison-berlin.de
Tel.: +49 30 590 05 0000
Fax: +49 30 590 05 00

Dorint Am Alten Wall (D)
Alter Wall 40
20457 Hamburg
www.dorint.de/hamburg-city
Tel.: +49 40 36 95 00
Fax: +49 40 36 95 01 000

Cortiina Hotel (D)
Ledererstraße 8
80331 München
www.cortiina.com
Tel.: +49 89 242 2490
Fax: +49 89 242 249100

Ramada Plaza Basel (CH)
Messeplatz 12
4058 Basel
www.ramada-treff.ch
Tel.: +41 61 560 4000
Fax: +41 61 560 5555

Hôtel Angleterre & Résidence (CH)
Place du Port 11
1006 Lausanne
www.angleterre-residence.ch
Tel.: +41 21 613 3434
Fax: +41 21 613 3435

Hotel Josef (CZ)
Rybna 20
110 00 Prague 1
www.hoteljosef.com
Tel.: +420 2 2170 0111
Fax: +420 2 2170 0999

Le Dokhan's (F)
117, rue Lauriston
75116 Paris
www.sofitel-paris.com
Tel.: +33 1 5365 6699
Fax: +33 1 5365 6688

Hôtel de la Trémoille (F)
14, rue de la Trémoille
75008 Paris
www.hotel-tremoille.com
Tel.: +33 1 5652 1400
Fax: +33 1 4070 0108

J.K. Place (I)
Piazza Santa Maria Novella, 7
50123 Florence
www.jkplace.com
Tel.: +39 055 264 5181
Fax: +39 055 265 8387

Enterprise Hotel (I)
Corso Sempione, 91
20154 Milan
www.enterprisehotel.com
Tel.: +39 02 3181 81
Fax: +39 02 3181 8811

Aleph (I)
Via di San Basilio, 15
00187 Rome
www.aleph.boscolohotels.com
Tel.: +39 06 422 901
Fax: +39 06 422 90000

Hotel Arts Barcelona (E)
Carrer de la Marina, 19-21
08005 Barcelona
www.ritzcarlton.com/hotels/barcelona
Tel.: +34 93 221 1000
Fax: +34 93 221 1070

Hotel Banys Orientals (E)
C. Argenteria, 37
08003 Barcelona
www.hotelbanysorientals.com
Tel.: +34 93 268 8460
Fax: +34 93 268 8461

Gran Hotel Domine (E)
Alameda de Mazarredo, 61
48009 Bilbao
www.granhoteldominebilbao.com
Tel.: +34 944 253 300
Fax: +34 944 253 301

Solar Do Castelo (P)
Rua das Cozinhas, 2 (ao Castelo)
1100-181 Lisbon
www.heritage.pt/en/solardocastelo.htm
Tel.: +351 218 870 909
Fax: +351 218 870 907

Hôtels Internationaux Internationale Hotels International Hotels
Internationale Hotels Hoteles Internacionales Alberghi Internazionali

Ten Bompas (ZA)
10 Bompas Road
Dunkeld West, Sandton 2146
Gauteng, Johannesburg
www.tenbompas.com
Tel.: +27 11 325 2442
Fax: +27 11 341 0281

Saxon (ZA)
36 Saxon Road, Sandhurst
Johannesburg
www.thesaxon.com
Tel.: +27 11 292 6000
Fax: +27 11 292 6001

Kensington Place (ZA)
38 Kensington Crescent, Higgovale
Cape Town, 8001
www.kensingtonplace.co.za
Tel.: +27 21 424 4744
Fax: +27 21 424 1810

The Park Bangalore (IND)
14/7 Mahatma Gandhi Road
Bangalore – 560 001
www.theparkhotels.com
Tel.: +91 80 559 4666
Fax: +91 80 559 4667

The Strand (MM)
92 Strand Road
Yangon
www.ghmhotels.com/thestrand
Tel.: +95 1 243 377
Fax: +95 1 289 880

The Fullerton (SGP)
1 Fullerton Square
Singapore 04917
www.fullertonhotel.com
Tel.: +65 6733 8388
Fax: +65 6735 8388

Hotel Lindrum (AUS)
26 Flinders Street
Melbourne, Victoria 3000
www.hotellindrum.com.au
Tel.: +61 3 9668 1111
Fax: +61 3 9668 1199

Establishment (AUS)
5 Bridge Lane
Sydney, New South Wales 2000
www.luxehotels.com/hotels/93.htm
Tel.: +61 2 9240 3000
Fax: +61 2 9240 3101

Cool Hotels

Side Hotel (D)
Drehbahn 49
20354 Hamburg
Tel.: +49 40 30 99 90
Fax: +49 40 30 99 93

Wasserturm (D)
Kaygasse 2
50676 Köln
Tel.: +49 221 20 080
Fax: +49 221 20 08888

Gastwerk Hotel (D)
Beim Alten Gaswerk 3/
Daimlerstraße
22761 Hamburg
Tel.: +49 40 890 62-0
Fax: +49 40 890 62-20

Blakes Amsterdam (NL)
Keizersgracht 384
Amsterdam 1016 GB
Tel.: +31 20 530 20 10
Fax: +31 20 530 20 30

The Lady's First Hotel (CH)
Mainaustraße 24
8008 Zürich
Tel.: +41 1 380 80 10
Fax: +41 1 380 80 20

Widder Hotel (CH)
Rennweg 7
8001 Zürich
Tel.: +41 1 224 2526
Fax: +41 1 224 2424

Das Triest (A)
Wiedner Hauptstraße 12
1040 Wien
Tel.: +43 1 589 18-0
Fax: +43 1 589 18-18

Saint Martin's Lane (UK)
45 Saint Martins Lane
London
WC2N 4HX
Tel.: +44 207 300 5500
Fax: +44 207 300 5501

One Aldwych (UK)
1 Aldwych
London
WC2B 4BZ
Tel.: +44 207 300 1000
Fax: +44 207 300 1001

The Hempel (UK)
31-35 Craven Hill Gardens
London
W2 3EA
Tel.: +44 20 7298 9000
Fax: +44 20 7402 4666

Hotel Square (F)
3 Rue de Boulainvilliers
75016 Paris
Tel: +33 14 414 9190
Fax: +33 14 414 9199

Hotel Montalembert (F)
3 Rue de Montalembert
75007 Paris
Tel.: +33 14 549 6868
Fax: +33 14 549 6949

Gallery Hotel Art (I)
Vicolo Dell'Oro 5
50123 Florence
Tel.: +39 055 272 63
Fax: +39 055 268 557

Hotel Diplomatic (E)
Pau Claris, 122
08009 Barcelona
Tel.: +34 93 272 3810
Fax: +34 93 272 3811

Hotel Portixol (E)
Sirena, 27
070006 Palma de Mallorca
Tel.: +34 971 271 800
Fax: +34 971 275 025

Ace Hotel (USA)
2423 1st Avenue
Seattle, WA 98121
Tel.: +1 206 448 4721
Fax: +1 206 374 0745

Hudson Rocks (USA)
356 West 58th Street
New York, NY 10019
Tel.: +1 212 554 6000
Fax: +1 212 554 6001

W NY Union Square (USA)
201 Park Avenue South
New York, NY 10003
Tel.: +1 212 253 9119
Fax: +1 212 253 9229

W Los Angeles (USA)
930 Hilgard Avenue
Los Angeles, CA 90024
Tel.: +1 310 208 8765
Fax: +1 310 824 0355

Maison 140 (USA)
140 South Lasky Drive
Beverly Hills, CA 90212
Tel.: +1 310 281 4000
Fax: +1 310 281 4001

The Hotel (USA)
801 Collins Avenue
Miami Beach, FL 33139
Tel.: +1 305 531 2222
Fax: +1 305 531 3222

International Hotels Internationale Hotels Hôtels Internationaux
Alberghi Internazionali Hoteles Internacionales Internationale Hotels

Orbit In (USA)
562 W. Arenas
Palm Springs, CA 92262
Tel.: +1 760 323 3585
Fax: +1 760 323 3599

Kirketon (AUS)
229 Darlinghurst Rd.
Darlinghurst NSW
Sydney
Tel.: +61 2 9332 2211
Fax: +61 2 9332 2499

The Prince of Wales (AUS)
St. Kilda Beach, St. Kilda
Melbourne 3182
Tel.: +61 3 95 36 1111
Fax: +61 3 95 36 1100

Devi Gahr Palace (IND)
PO Box no. 144
Udaipur 313001
Rajasthan
Tel.: +91 2953 89 211
Fax: +91 2953 89 357

The Manor (IND)
77 Friends
Colony [West]
New Dehli 110065
Tel.: +91 11 692 5151
Fax: +91 11 692 2299

Le Méridien (PF)
PO Box 190
Vaitape, Bora Bora
French Polynesia
Tel.: +689 60 51 51
Fax: +689 60 51 52

Country Hotels

Babington House (UK)
Babington
NR Frone
Somerset BA11 3RW
Tel.: +44 1373 812 266
Fax: +44 1373 812 112

L'Oustau de Baumanière
Val d'Enfer (F)
13520 Les Baux de Provence
Tel.: +33 490 54 3307
Fax: +33 490 54 4046

Tenuta San Vito (I)
Via San Vito 32-I
50056 Montelupo Fiorentino
Florence
Tel.: +39 0571 514 11
Fax: +39 0571 514 05

Torre di Bellosguardo (I)
Via Roti Michelozzi 2
50124 Florence
Tel.: +39 055 229 8145
Fax: +39 055 229 008

La Saracina (I)
S.S. 146 Km 29.7
53026 Pienza
Siena
Tel.: +39 0578 748 022
Fax: +39 0578 748 018

Qunita Do Juncal (P)
Serra D'el Rei
2525-801 Peniche
Portugal
Tel.: +351 262 905 030
Fax: +351 262 905 031

Lindos Huéspedes (E)
Carretera de Pals
Torroella de Montgri
Girona
Tel./Fax:
+34 972 66 82 03

La Fuente de la Higuera (E)
Partido de los Frontones
29400 Ronda
Malaga
Tel.: +34 952 1143 55
Fax: +34 952 1143 56

Ca's Xorc (E)
Carretera de Deia, Km 56,1
07100 Soller
Mallorca
Tel.: +34 971 638 091
Fax: +34 971 632 949

**Hospedeira Parque
de Monfrage** (E)
Carretera Plasencia-Trujillo,
Km 39,1
10694 Torrejon el Rubio
Caceres
Tel.: +34 927 455 245
Fax: +34 927 455 016

Caravanserai (MA)
264 Ouled Ben Rahmoune
Marrakesh
Tel.: +212 44 30 03 02
Fax: +212 44 30 02 62

Hotel Les Deux Tours (MA)
Douar Abiad
25/26/27
13P513 Marrakesh Principale
Tel.: +212 44 32 95
Fax: +212 44 32 95 23

The Mill House Inn (USA)
31 North Main Street
East Hampton, NY 11937
Tel./Fax:
+1 631 324 9766

The Inn at Saw Mill Farm (USA)
Route 100 & Crosstown Road
Box 367
West Dover, VT 05356
Tel.: +1 800 493 1133
Fax: +1 800 493 1130

Acqua Hotel (USA)
555 Redwood Highway
Mill Valley, CA 94941
Tel.: +1 415 380 0400
Fax: +1 415 380 9696

Lake Placid Lodge (USA)
Whiteface Inn Road
Lake Placid, NY 12946
Tel.: +1 518 523 2700
Fax: +1 518 523 1124

Pira Lodge (RA)
Pasaje de "El Boqueron"
Mercedes
Provincia de Corrientes
Tel.: +54 1143 3197 10
Fax: +54 3773 4203 99

La Pascuala Delta Lodge (RA)
Delta del Rio Parana
Argentina
Tel.: +54 11 4728
1253/1395
Fax: +54 11 4728
1475/2070

Bali Spirit Hotel and Spa (RI)
189 Nyuh Kuning
Ubud
Bali 80571
Tel.: +62 361 974 013
Fax: +62 361 974 012

Internationale Abkürzungen — International Trade Abbreviations
Abréviations Commerciales

a.a.r.	against all risks, Versicherung gegen alle Gefahren
a/c	a conto, account, Rechnung
A/C	account current, Kontokorrent
A/T	American terms (insurance)
acct.	account, Rechnung
Av.	average, Havarie, Schaden
B.L., B/L	Bill of lading, Schiffsfrachtbrief
c.a.d. (c/d)	cash against documents, Zahlung gegen Dokumente
c.a.f.	cost, assurance, freight included, Kosten, Versicherung, Fracht
cf., c.f., c&f	cost and freight, Kosten und Fracht
c.i., c&i	cost and insurance, Einstandspreis und Versicherung
C/I	certificate of insurance, Versicherungspolice
C.I.A.	cash in advance, Zahlung im Voraus
c.i.f.	cost, insurance, freight included, Kosten, Versicherungsprämie, Fracht eingeschlossen
c.i.f. & c.	cost, insurance, freight & commission, c.i.f. + Kommission
c.i.f.c. & i.	cost, insurance, freight, commission & interest, c.i.f.c. + Bankzinsen
c.o.d., cod	cash collect on delivery, Zahlung bei Auslieferung oder Empfang
c.o.s.	cash on shipment, Zahlung bei Verschiffung
C.W.O.	cash with order, Zahlung mit Anweisung
D.A., D/A	documents against acceptance, Dokumente gegen Akzeptierung einer Tratte
D.A.D.	documents against disposition, Dokumente gegen Verfügung (über Ladung)
d.f.	dead freight, Fautfracht für nicht genutzten Laderaum
D/N	debit note, Lastschrift
D.O. (D/o)	delivery order, Auslieferungsanweisung
d/p	documents against payment, Dokumente gegen Zahlung
D/W	dock warrant, Ladeplatz-Berechtigung
E.c.	English conditions (insurance), Englische Bedingungen (Versicherung)
E.O.M.	end of month, zum Monatsende
F	first class, Erster Klasse
f.a.a., faa	free of all average, frei von jedem Schaden
f.a.s.	free alongside ship, frei Längsseite Schiff
f.b.h.	free on board at harbor, frei an Bord im Hafen
F & D	freight and demurrage, Fracht und Liegegeld
F.F.A.	free from alongside, frei von Längsseite her
Fgt. (frt.)	freight, Fracht
f.i.o.	free in and out, frei Ein- und Ausladen und Löschen
f.o.a.	free on aircraft, frei an Bord des Flugzeugs
f.o.b., fob	free on board, frei an Bord
f.o.c.	free on charge, frei an Belastung, Forderung
f.o.d.	free of damage, frei von Schaden
f.o.q.	free on quay, frei auf Kai
f.o.r.	free on rail, frei Bahnhof oder auf Güterwagen
FOR	free on road, frei bis Straße
f.o.s.	free on ship, frei ins Schiff
f.o.t.	free on truck, frei auf Güterwagen, LKW oder Bahnhof
f.o.w.	free on wagon, frei auf Güterwagen
f.p.a.	free of particular average, frei von Beschädigung, außer Strandungsfall

frt. pp.	freight prepaid, Fracht bezahlt
g.a., G/A	general average, große Havarie, großer Schaden
I.B.	in bond, unverzollte Ware unter Zollverschluss
int.	interests, Bankzinsen
i.p.a.	including particular average, Beschädigung von Waren eingeschlossen
i.t.	immediate transport, sofortiger, unmittelbarer Transport
L/C	letter of credit, Kreditbrief, Akkreditiv
L.&D.	loss and damage, Verlust und Schaden
M.D.	month's date, Monatsdatum
M.I.P	marine insurance policy, See-Versicherungspolice
M/P	months after payment, Zahlung nächsten Monat
M/R	mate's receipt, Quittung des Landungsoffiziers über Empfang der Ware an Bord
N	night-flight, Nachtflug
N/t	new terms, neue Vertragsbedingungen
n.wt.	net weight, Nettogewicht
O.P.	open floating policy (insurance), offene oder laufende Police
O.R.D.	owner's risk of damage, Eigners Gefahr bei Schaden
O/T	old terms, alte Vertragsbedingungen
P/a	particular average, besondere Beschädigung von Waren durch Transportunfälle
pd.	paid, Bezahlung
P.L.	partial loss, Teilschaden
P/N	promissory note, Eigen-, Solawechsel
P.O.D.	pay on delivery, Zahlung bei Lieferung, Zustellung
ppd.	prepaid, Vorauszahlung
ppt.	promptly, sofort liefer- und zahlbar
rect. (rept.)	receipt, Eingang der Ware, Empfang
R.I.	reinsurance, Rückversicherung
RP	reply paid, Rückzahlung
S.&F.A.	shipping and forwarding agent, Schiffsspediteur
s.g. (sp.gr.)	specific gravity, spezifisches Gewicht, Gewichte
S/N	shipping note, Schiffszettel
T/A	trade acceptance, Handelsakzept
t.l.o., T.L.O.	total loss only, Totalverlust
t.q.	trade quality, Handelssorte, Handelsqualität
tr.	tare, Tara
uc.	usual conditions, gewöhnliche Bedingungen
u.t.	usual terms, übliche Vertragsbedingungen
U/w	underwriter, Versicherer
W.B.	way bill, Versandavis, Bordero, Frachtkarte, Frachtbrief
w.g.	weight guaranteed, garantiertes Gewicht
w/m, W/M	weight or measurement, Maß oder Gewicht
wpa	with particular average, mit Teilschaden, d. h. jede Beschädigung ist vom Versicherer zu ersetzen
W.R.	war risk, Kriegsrisiko
W/R	warehouse receipt, Lagerhausbescheinigung
wt	weight, Gewicht
W/W	warehouse warrant, Lagerhausberechtigung

*without guarantee

Management Vocabulary   Management-Vokabular
Vocabulaire Commercial

English	French	German	English	French	German
account	compte	Konto	call option	prime à la hausse	Kaufoption, Bezugsoption
appropriation account	comte d'affectation	Rückstellungskonto	calls	appels de fonds	Zahlungsaufforderung
consolidated accounts	bilan consolidé	konsolidierte Bilanz, Konzernbilanz	authorized capital	capital autorisé	genehmigtes Kapital
			issued capital	capital émis	ausgegebenes Kapital
current account	compte courant	Kontokorrent	ordinary capital	actions ordinaires	Stammaktienkapital
deposit account	compte de dépôt	Depositenkonto	working capital	capital d'exploitation, capital de roulement	Betriebskapital
profit and loss account	compte de pertes et profits	Gewinn- und Verlustrechnung	capital distribution	distribution de capital	Kapitalausschüttung
statement of account	état de compte, relevé de compte	Kontoauszug	capital gains tax	impôt sur la plus-value du capital	Kapitalzuwachssteuer
accountant	comptable	Rechnungsprüfer, Wirtschaftsprüfer	capital goods	biens d'équipement	Investitionsgüter
actual	prix courant	Tagespreis	capital intensive	capitalistique	Kapitalintensive
actuary	actuaire	Aktuar	capital issue	émission d'actions	Effektenemission
advertising	publicité	Werbung	capital reduction	réduction de capital	Kapitalherabsetzung
after-hour-dealings	opérations hors ouverture	Nachbörse	capital reserves	réserves de capital	Kapitalreserven
			capital spending	investissements	Kapitalaufwand
agreement	accord	Abkommen, Vertrag	cargo handling	manutention	Güterumschlag
allotment letter	lettre d'attribution	Zuteilungsmitteilung	cash bonus	prime en espèces	Barprämie
amortisation, redemption	amortissement	Tilgung, Amortisation	cash flow	circulation monétaire	Geldumlauf
annuity	annuité	Jahresrente	discounted cash flow	cash flow actualisé	diskontierter Geldumlauf
life annuity	rente viagère	Leibrente	cash settlement	règlement en espèces	Barbegleichung
application form	formulaire de souscription	Bezugsformular	cash transaction	transaction au comptant	Bartransaktion
			certificate	certificat	Zertifikat, Aktienschein
application money	versement de souscription	Bezugsgeld	certification	certification	Überweisungsausweis
			chairman	président	Vorsitzender
appreciation	appréciation, plus-value	Wertsteigerung	charter	charte	Charter
arbitrage	arbitrage	Arbitrage	cheap	bon marché	billig
assets	actif	Aktiva, Vermögenswerte	cheap money	agent facile	billiges Geld
current assets	actif circulant, actif réalisable	Umlaufvermögen	c.i.f.	c.a.f.	c.i.f.
			(cost, insurance, freight)	(coût, assurance, frêt)	(Kosten, Versicherung, Fracht)
fixed assets	capital fixe, immobilisations	Anlagevermögen	claim	réclamation	Anspruch
			closing prices	cours de clôture	Schlussnotierung
intangible assets	valeurs immatérielles	immaterielle Anlagewerte	c.o.d. (cash on delivery)	livraison contre remboursement	zahlbar bei Lieferung
liquid assets	capital liquide, valeurs réalisables, disponilbités	flüssige Anlagen, flüssige Mittel	collateral	collatéral	Deckung, Sicherheit
			commission	commission	Provision
			commodity	produit, denrée, matière	Artikel, Ware, Rohstoff
net assets	valeurs nettes	Reinvermögen	common stocks/shares	actions ordinaires	Stammaktie
trading assets	valeurs d'exploitation	Handelsvermögen	company	société	Gesellschaft
associate, partner	associé	Teilhaber, Partner	associate company	société affiliée, société apparentée	nahestehende Gesellschaft
atomic energy	énergie atomique	Kernenergie	holding company	société holding	Holdinggesellschaft
authorized depositaries	dépositaires autorisés	autorisierte Hinterlegungsstellen	limited liability company	société à responsabilité limitée, société anonyme	Gesellschaft mit beschränkter Haftung
automation	automation	Automatisierung	parent company	société-mère	Mutter-, Stammgesellschaft
averaging	moyennes	Ausgleichkäufe oder -verkäufe	partnership company	société en commandite	Partnergesellschaft
			subsidiary company	filiale	Tochtergesellschaft
backwardation	déport	Kursabschlag	competition	concurrence	Wettbewerb
balance	balance	Saldo	component	composant	Bestandteil
invisible trade balance	balance commerciale invisible	Dienstleistungsbilanz	computer	ordinateur	Computer
			consideration	valeur d'échange	Tauschwert
trade balance	balance commerciale	Leistungsbilanz	consols	fonds consolidés	Konsols, konsolidierte Staatspapiere
visible trade balance	balance commerciale visible	Handelsbilanz, Warenhandelsbilanz	consultant	conseiller	Berater
balance of payments	balance des paiements	Zahlungsbilanz	consumer	consommateur	Verbraucher
balance sheet	bilan	Bilanz	consumer goods	biens de consommation	Verbrauchsgüter
bank (joint stock)	banque (sous forme de société par actions)	Aktienbank	containerization	conteneurisation	Umstellung auf Container
			contango	report	Report
central bank	banque centrale	Zentralbank	contingent liability	obligation éventuelle	Eventualverbindlichkeit
clearing bank	banque de clearing	Clearingbank, Verrechnungsbank	contract	contrat	Vertrag, Kontrakt
	banque de compensation		control system	système de contrôle	Kontrollsystem
commercial bank	banque commerciale	Handelsbank	conveyancing	cession des biens, transfert	Eigentumsübertragung
merchant bank	banque d'affaires	Remboursbank			
savings bank	caisse d'épargne	Sparkasse	co-operative society	société en co-opérative	(Konsum-) Genossenschaft
bank rate	taux officiel (d'escompte)	Diskontsatz	cost	coût	Kosten
bankruptcy	faillite	Konkurs, Bankrott	factor cost	coût par facteur de production	Faktorkosten
bargain	transaction	Abschluss, Geschäft			
bear	baissier	Baissier, Baissespekulant	selling costs	frais de vente	Verkaufskosten
bear market	marché orienté à la baisse	Baissemarkt	cost of living	coût de la vie	Lebenshaltungskosten
bid	offre	Angebot	coupon	coupon	Kupon
takeover bid	offre publique d'achat (OPA)	Übernahmeangebot	credit	crédit	Kredit, Gutschrift
			credit balance	solde créditeur	Kreditsaldo
bill of lading	connaissement	Konnossement, Seefrachtbrief	credit squeeze	reserrement du crédit bloquage	Kreditbeschränkung, Kreditrestriktion
blue chips	effets solides	Spitzenwerte	creditor	créancier	Gläubiger
board of directors	conseil d'administration	Vorstand	critical path analysis	analyse du chemin critique	kritische Methodenanalyse
bond	obligation	Obligation, Schuldverschreibung			
bonded warehouse	entrepôt hors douane	Zollniederlage, Zollspeicher	currency	monnaie	Währung
boom	boom	Hausse, Hochkonjunktur	convertible currency	monnaie convertible	konvertible Währung
broker	courtier, agent de change	Makler	hard currency	monnaie forte	harte Währung
			soft currency	monnaie faible	weiche Währung
brokerage	courtage	Maklergeschäft	current yield	revenu courant	laufende Rendite
budget	budget	Budget, Haushalt, Voranschlag	customs duty	droit de douane	Zoll
budgetary control	contrôle budgetaire	Etatkontrolle			
bull	haussier	Haussier, Haussespekulant			
business	affaires	Geschäft			
buying-in	rachat	Eindeckung			

Management-Vokabular Management Vocabulary
Vocabulaire Commercial

English	French	German
data processing	informatique	Datenverarbeitung
deal	transaction	Geschäft
dealer	fournisseur	Händler
dear money	argent chèr	teures Geld
debenture	obligation	Schuldverschreibung
debt	dette	Schuld
national debt	dette nationale	Staatsschuld
debtor	débiteur	Schuldner
deed of transfer	acte de cession	Übertragungsurkunde
defaulter	failli (dette privée), concussionnaire (dette publique)	Schuldner
deficit financing	déficit-financing	Defizitfinancing, Defizitwirtschaft
deflation	déflation	Deflation
delivery	livraison	Lieferung
delivery date	date de livraison	Lieferungstermin
demand	demande	Nachfrage, Bedarf
deposit	dépôt	Depot, Einlage, Einschluss
depression, slump	baisse (des cours), malaise, crise, récession (affaires économiques)	Depression, Baisse, Flaute
devaluation	dévaluation	Abwertung
developing country	pays en voie de développement	Entwicklungsland
development	développement	Entwicklung
difference	différence	Differenz
diminishing returns	rendement décroissant	schrumpfende Erträge
director	administrateur	Vorstandsmitglied
managing director	directeur général	Generaldirektor
discount, rebate	escompte	Diskont, Rabatt
discounted cash flow	circulation monétaire	diskontierter Geldumlauf
diversification	diversification	Streuung, Risikostreuung (Anlagen)
dividend counterfoil	talon de dividende	Dividendenbogen
dividend cover	couverture de dividende	Dividendendeckung
dividend/interest warrant	ordonnance de paiement de dividende/des intérêts	Zinsenauszahlungsschein
dollar area	zone dollar	Dollargebiet
dollar premium	prime en dollars	Dollarprämie
dollar stocks	valeurs en dollars	Dollarwertpapiere
double option	option double	Doppelprämiengeschäft
double-taxation relief	dégrèvement fiscal pour double imposition	Doppelbesteuerungsnachlass
drawing board	planche à dessin	Reißbrett
drawings	tirage des obligations	Auslösung von Obligationen
dumping	dumping	Dumping, Schleuderausfuhr
durables	biens d'équipement	langlebige Verbrauchsgüter
duty	taxe, douane	Zoll
customs duty	droit de douane	Einfuhrzoll
estate/death duty	droit de succession	Erbschaftssteuer, Nachlasssteuer
stamp duty	droit de timbre	Stempelsteuer
earnings	bénéfice	Ertrag
economics	science économique	Volkswirtschaft
economy	économie	Wirtschaft, Ökonomie
economy of scale	économie de marché à grande échelle, économie de masse	Kostenminderung durch große Serien
EEC (European Economic Community)	CEE (Communauté Économique Européenne)	EWG (Europäische Wirtschaftsgemeinschaft)
EFTA (European Free Trade Association)	AELE (Association Européenne de Libre Échange)	EFTA (Europäische Freihandelszone)
elasticity	élasticité	Elastizität
embargo	embargo	Sperre, Sperrfrist
embassy	ambassade	Botschaft
employee	employé	Angestellter, Arbeitnehmer
engineer	ingénieur	Ingenieur
entrepot	entrepôt	Niederlage, Warenlage
equity	actions	Aktien, Aktienkapital, Kapitalanteil
estate duty	droit de succession	Erbschaftssteuer, Nachlasssteuer
estimate	évaluation	Schätzung, Voranschlag
excess shares	excédent de valeurs	überschüssige Wertpapiere
exchange	bourse, bureau de change	Börse, wechseln
foreign exchange	change	Devisen
exchange control	contrôle des changes	Devisenkontrolle
exchange rate	taux de change	Devisenkurs, Wechselkurs
floating exchange rate	taux de change flottant	gleitender Wechselkurs
excise	impôt indirect	Verbrauchssteuer

English	French	German
executive	exécutif, dirigeant d'entreprise cadre supérièur	leitender Angestellter
export	exportation	Ausfuhr, Export
invisible export	exportation invisible	unsichtbarer Export
visible export	exportation visible	Warenexport
factor cost	coût des facteurs	Faktorkosten
factoring	factoring	Faktoring, Debitorenverkauf
factory	usine	Fabrik, Werk
final dividend	solde de dividende	Abschlussdividende
finance	finances	Finanzen
financial year, fiscal year	exercice	Finanzjahr, Geschäftsjahr, Haushaltsjahr
firm	société	Firma
fiscal	fiscal	fiskalisch
fixed charges	frais fixes	feste Spesen
flat yield	revenu courant	laufender Ertrag
f.o.b. (free on board)	fob (franco à bord)	fob
forecast	prévisions	Voraussage
foreign investment	investissements étrangers	Auslandsinvestition
foreman	contremaître	Vorarbeiter
free market	marché libre	freier Markt
free trade	libre échange	Freihandel
freight	frêt	Fracht
fringe benefits	avantages sociaux	Nebenleistungen
fund	fonds	Fonds
future tax reserve	réserve pour impôts futurs	Steuerreserve für die Zukunft
GDP (gross domestic product)	Produit Intérieur Brut	Bruttosozialprodukt
gilt-edged (securities)	valeurs de premier ordre	mündelsichere Wertpapiere
gnome	gnome	Zwerg
GNP (gross national product)	PNB (Produit National Brut)	Bruttosozialprodukt
gold standard	étalon or	Goldstandard
goodwill	droit à la clientèle	Goodwill, Firmenwert
gross	brut	brutto
growth rate	taux de croissance	Wachstumsrate
hire purchase	vente à tempérament	Abzahlungsgeschäft
hoarding	thésaurisation	hamstern, horten
import	importation	Import, Einfuhr
import licence	licence d'importation	Einfuhrlizenz
import quota	contingent d'importation	Einfuhrquote, Importquote
income	revenu	Einkommen
national income	revenu national	Nationaleinkommen
uncarned income	rente(s)	Einkünfte aus Kapitalbesitz
income tax	impôt sur le revenu	Einkommenssteuer
indemnity	indemnité	Entschädigung, Haftpflicht, Garantieversprechung
industrial relations	relations industrielles	Beziehungen zwischen Arbeitgeber und Arbeitnehmer
input-output analysis	analyse input-output	Input-Output-Analyse
installation	équipment, implantation	Einrichtung, Installation
instalment	acompte	Rate
insurance	assurance	Versicherung
intangible assets	valeurs immatérielles	immaterielle Werte
interim dividend	dividende intérimaire	Zwischendividende
interest (money)	intérêt	Zinsen
(share in)	participation (aux bénéfices)	Anteil
majority interest	majorité	Mehrheitsanteil
minority	participation minoritaire	Minderheitsanteil
interest rate	taux d'intérêt	Zinsfuß
inventory	stock	Inventar, Bestand
investment (portfolio)	placement	Anlage
(industrial)	investissement	Einsetzung, Investition
foreign investment	investissement étranger	Auslandsinvestition
investment trust	fonds de placement de capitaux, société d'investissement	Investment-Trust, Fonds
invoice	facture	Faktura
all caps	doit	Schuldschein
irredeemables	obligations non remboursables	unkündbare Wertpapiere
issue	émission	Emission, Ausgabe
capital issue	émission d'actions	Effektenemission
fiduciary issue	émission fiduciaire	ungedeckte Notenausgabe
new issue	nouvelle émission	Neuausgabe, Neuemission
night issue	émission avec droit de souscription	Ausgabe mit Bezugsrecht

Management Vocabulary Management-Vokabular
Vocabulaire Commercial

English	French	German
scrip capitalization issue	émission d'actions gratuites	Ausgabe mit Bezugsrecht
issued capital	capital émis	ausgegebenes Kapital
issuing house	maison de placements	Emissionsbank
jobbers	courtiers intermédiaires	Zwischenmakler
jobber's spread	marge de l'intermédiaire	Preisspanne des Zwischenmaklers
jobbing in and out	spéculation à court terme	kurzfristige Spekulationsgeschäfte
labour-intensive	à forte intensité de main d'œuvre	arbeitsintensiv
lease	bail	Pacht
liability	obligation, engagement	Verbindlichkeit
current liability	passif exigible à court terme	laufende Verbindlichkeit
deferred liability	passif à long terme	Rückstellung, rückgestellte Verbindlichkeit
external liability	financement externe	äußere Verbindlichkeit
lighterage	chalandage	Leichtergeld, Schutengeld
limited liability company	société à responsabilité limitée	GmbH (Gesellschaft mit beschränkter Haftung)
limited market	marché étroit	enger Markt
liquid	liquide	flüssig, liquid
liquidation	liquidation	Liquidation
liquidity	liquidités	Liquidität
load-factor	taux de charge, indice de charge	Ladefaktor
long-term	à long terme	langfristig
longs	titres à long terme	langfristige Wertpapiere
losses	pertes	Verluste
loss-leader	ventes à pertes	Lockartikel
low coupon	coupon bas	niedrigverzinster Kupon
machine tool	machine-outil	Werkzeugmaschine
maintenance	entretien	Wartung, Instandhaltung
majority-interest	majorité	Mehrheitsbeteiligung
make-up prices	prix fixés par la bourse	vom Börsenrat festgesetzte Preise
management	gestion	Geschäftsleitung
management accountancy	comptabilité de gestion	Management-Rechnungswesen
manager	directeur	Manager, Geschäftsleiter
general manager	directeur général	Hauptgeschäftsführer
managing director	directeur général	Generaldirektor
manufactoring	fabrication	Herstellung
margin	marge	Spanne
profit margin	marge bénéficiaire	Gewinnspanne
marginal value	valeur marginale	Grenzwert
market, business	marché, affaires	Markt
to market	vendre	vermarkten, absetzen
black market	marché noir	schwarzer Markt
forward market	marché à terme	Terminmarkt
rigging the market	provoquer à la bourse une hausse (baisse) artificielle	unlautere Marktbeeinflussung, Kurstreiberei
spot market	marché au comptant	Kassamarkt
market price	prix de marché	Kurs
at market price	aux prix du marché	zu Marktpreisen
market research	recherche des marchés	Marktforschung
market share	part du marché	Marktanteil
market trend	tendance du marché	Tendenz
market valuation	évaluation basée sur le prix du marché	Marktbewegung
marketable security	valeur négociable	marktfähiges Wertpapier
marketing	marketing	Vermarktung
mass production	production de masse, fabrication en grand série	Massenproduktion
materials handling	manutention	Materialförderung
maturity	échéance (date of)	Fälligkeit
mediums	à moyen terme	mittelfristig
medium term	valeurs à moyen terme (5-15 ans)	mittelfristige Wertpapiere (5-15 Jahre)
merger	fusion	Fusion, Zusammenschluss
middleman	intermédiaire	Mittelsmann, Zwischenhändler
minority	participation minoritaire	Minderheitsinteresse
mint	Hôtel de la Monnaie	Münzprägeanstalt
money	monnaie	Geld
monopoly	monopole	Monopol
mortgage	hypothèque	Hypothek
national debt	dette nationale	Staatsschuld
national income	revenue nationale	Nationaleinkommen
nationalization	nationalisation	Verstaatlichung
net	net	netto, rein

English	French	German
net assets	valeurs nettes	netto Aktiva
new issue	nouvelle émission	Neuausgabe, Neuemission
news	nouvelles	Nachrichten, Neuigkeiten
nominal value, par	valeur nominal, parité	Nennwert, Nominalwert
nominee	nominée	Strohmann
obsolescence	désuétude, péremption (droit)	Veraltung
offer, bid	offre	Angebot
offer for sale	offre pour d'achat (OPA)	Verkaufsangebot, Übernahmeangebot
open position	position ouverte	offene Position
opening prices	cours d'ouverture	Anfangskurs
operational research	recherche opérationelle	Unternehmensforschung
option	option	Option
order (commission)	commande	Auftrag
(bill of delivery)	bon de livraison	Lieferschein, Auslieferungsaufträge
standing order	ordre ouvert	ständiger Auftrag
organization and methods	méthodes et organisation	Organisation und Methoden
outlet, market	débouché	Verkaufsstätte, Absatzmarkt
outlook	perspective	Aussicht
output	production	Produktion
over-subscribed	sur-souscription	übergezeichnet
overdraft	découvert	Kontoüberziehung
overheads	frais généraux	Betriebsspesen, Betriebskosten
overtime	heures supplémentaires	Überstunden
packaging	emballage	Verpackung
par	pair, parité	pari, Nennwert
parity	parité	Parität
partnership	société en commandité	Teilhaberschaft
patent	brevet	Patent
pay agreement	accord de paiement	Lohnabkommen
pay-out ratio	taux de pay-out	Auszahlungsrelation
percentage	pourcentage	Prozentsatz
personnel	personnel	Personal
planning	planifaction	Planung, Bewirtschaftung, Planwirtschaft
portfolio	portefeuille	Portefeuille
power of attorney	procuration	Vollmacht
preferential forms	formules privilégiées	Vorzugsformulare
premium	prime	Aufgeld, Agio
price	prix	Preis
market price	prix de marché	Kurs
producers' price	prix à la production, prix à la base	Produzentenpreis
reserve price	mise à prix, prix plafond	Mindestpreis
retail price	prix au détail	Einzelhandelspreis
trade price	prix marchand, prix de demi gros	Handelspreis
wholesale price	prix de gros	Großhandelspreis
price-earnings ratio	taux de price-earnings, rapport cours/bénéfices	Preis-/Verdienst-Relation
primary product	matière première	Grundstoff
prior charge	charges prioritaires	Vorrangsbelastung
process control	contrôle de production	Verarbeitungskontrolle
production	production	Produktion
mass production	production de masse	Massenproduktion
productivity	productivité	Produktivität, Produktionsfähigkeit
production coefficient	taux de production	Produktionskoeffizient
profit	bénéfices	Gewinn
retained profit	bénéfices non distribués	einbehaltener Gewinn
trading profit	bénéfices d'exploitation	Betriebsgewinn
profit margin	marge bénéficiaire	Gewinnspanne
profit sharing	participation aux bénéfices	Gewinnbeteiligung
profitability	rentabilité	Rentabilität
prospectus	prospectus	Prospekt
protection	protection	Zollschutz
provisional allotment letter	avis d'attribution provisoire	provisorische Zuteilung
proxy (person)	fondé de pouvoir	Stellvertreter, Bevollmächtigter
(document)	procuration	Vollmachturkunde
public corporation	régie	öffentlich-rechtliche Körperschaft
public ownership	propriété de l'état	Staatsbesitz
punter	accompagnateur, boursicoteur	kleiner Börsenspekulant, Spieler
quality control	contrôle de qualité	Qualitätskontrolle
quote (trade)	contingent	Quote, Kontingent
import, quote	contingent d'importation	Einfuhrquote
quotation	cotation	Preisangabe, Kurs, Kursnotierung

Management-Vokabular Management Vocabulary
Vocabulaire Commercial

English	French	German
rate (exchange)	cours	Wechselkurs
(interest)	taux	Zinsfuß
(local tax)	impôt local sur l'habitation	Gemeindesteuer
bank rate	taux officiel (d'escompte)	Diskontsatz
exchange rate	taux de change	Devisenkurs, Wechselkurs
floating exchange rate	taux de change flottant	gleitender Wechselkurs
growth rate	taux de croissance	Wachstumsrate
price rate	tarif à pièce	Stücklohn
time rate	tarif horaire	Zeitlohn
ratio	ratio, rapport	Relation, Verhältnis
price-earnings ratio	rapport cours/bénéfices,	Preis/Verdienst-Relation
	taux de price-earnings	
rationalization	rationalisation	Rationalisierung
raw materials	matières brutes	Rohstoffe, Grundmaterialien
real	réel, fixe	real
realize	réaliser	realisieren
rebate, discount	remise, escompte	Rabatt
receipt	reçu	Quittung
recession	récession	Rezession, Rückgang
redemption	amortissement (loan),	Tilgung
	rachat (shares)	
redemption date	date du remboursement	Einlösungs-/Fälligkeitsdatum
redemption yield	rendement sur	Einlösungsrendite
	remboursement	
reflation	réflation	Re-Inflation
regulations	règlement	Regeln, Vorschriften
resale price maintenance	maintien du prix de vente	Preisbindung der zweiten
	au détail	Hand
research	recherche	Forschung
operational research	recherche opérationnelle	Betriebsforschung
reserves	réserves	Reserven, Rücklagen
reserve price	mise à prix plafond	Mindestpreis
resources	ressources	Mittel
restrictive practice	pratique restrictive	restriktive Praktiken
retail to retail	vendre au détail	vertreiben
	au détail	im Einzelverkauf
revaluation	réévaluation	Aufwertung
revenue reserves	réserves prises sur le revenu	Einnahmereserven
risk	risque	Risiko
royalty	droits d'auteur, redevance	Tantieme, Lizenzgebühr
salary	traitement	Gehalt
sale	vente	Verkauf
salvage (money)	prime de sauvetage,	Bergegeld
	indemnité de sauvetage	
saving	épargne, économie	Sparen, Ersparnis
savings bank	caisse d'épargne	Sparkasse
securities	titres	Wertpapiere
settlement/account day	jour de liquidation	Verrechnungstag
share	action, titre, valeur	Aktie
cumulative preference	action préférence	nachzugsberechtigte
share	cumulative	Vorzugsaktie
deferred (manager's,	part bénéficaire,	an letzter Stelle dividenden-
founder's) share	action différée	berechtigte Gründeraktie
non-voting share	action sans droit voté	stimmrechtslose Aktie
ordinary share	action ordinaire	(Stamm-) Aktie
preference share	action préférentielle	Vorzugsaktie
share certificate	certificat d'action	Aktienzertifikat
shift (work)	équipe	Schicht
short term	à court terme	kurzfristig
shorts	titres à court terme	kurzfristige Wertpapiere
sinking fund	fonds d'amortissement	Tilgungsfonds
sliding scale	échelle mobile	gleitende Skala
social insurance (security)	sécurité sociale	Sozialversicherung
solvent	solvable	solvent, zahlungsfähig
speculation	spéculation	Spekulation
spending	dépenses	Ausgaben, verausgaben
spot	comptant	Kassa, sofort zahlbar
squeeze	resserrement (crédit),	Quetschung, Beschränkung
	compression (personnel),	
	bloquage (salariés)	
stag	loup	Spekulant, der Neuausgabe
		von Aktien kurzfristig
		aufkauft
stamp duty	droit de timbre	Stempelsteuer
standing order	ordre ouvert	ständiger Auftrag
stock (inventory)	stock	Inventar
(share capital)	valeurs, capital	Stammkapital
active stocks	valeurs actives	umsatzstarke Papiere
bearer stock	action au porteur	Inhaberaktie
buffer stock	inventaire tampon	Bufferstock
growth stock	valeur de croissance	Wachstumswert
mining stock	valeur minière	Montanaktie, Kux
registered stock	action nominative	Namenspapier,
Namensaktie		
watered stock	capital dilué	verwässerte Werte
stockbroker	agent de change	Börsenmakler

English	French	German
stock control	gestion de stocks	Lagerkontrolle
stock exchange	bourse des valeurs	Börse
stockholder	actionnaire	Wertpapierbesitzer, Aktionär
strike	grève	Streik
subsidy	subvention	Subvention
subsidiary	filiale	Tochtergesellschaft
subscription	souscription	Abonnement
substitute	produit de remplacement	Ersatz, Ersetzung
supplier	fournisseur	Lieferant
supply and demand	offre et demande	Angebot und Nachfrage
surcharge	surtaxe	Aufgeld
surplus	excédent	Überschuss
takeover	prise de contrôle	Übernahme
tap stock	fonds publics à disponibilité	kontinuierlich dem Markt
	continue	zugeführte Staatsanleihe
tarif	droit de douane	Zolltarif
time rates	tarif horaire	Zeitlohn
tax	impôt	Steuer
capital gains tax	impôt sur la plus-value du	Kapitalzusatzsteuer
	capital	
corporation tax	impôt sur les sociétés	Körperschaftsteuer
future tax reserve	réserve pour impôts futurs	Rückstellung für zukünftige
		Steuerbelastung
income tax	impôt sur le revenu	Einkommensteuer
pay-roll tax	impôt cédulaire, cédule	Lohnsummensteuer
purchase tax	taxe de luxe	Umsatzsteuer
selective employment tax	impôt sélectif sur l'emploi	Körperschaftsteuer
surtax (supertax)	surtaxe	Supertax
value added tax (VAT)	taxe à valeur ajoutée (TVA)	Wertzuwachssteuer,
		Mehrwertsteuer
withholding tax	impôt par prélèvement	Kapitalertragssteuer
tender (shares, goods)	offre	Ausschreibung
legal tender	monnaie légale	gesetzliches Zahlungsmittel
time and study	étude sur la rentabilité du	Zeit- und Leistungsstudie
	travail	
trade	commerce	Handel
free trade	libre échange	Freihandel
trade balance	balance commerciale	Leistungsbilanz
invisible trade balance	balance commerciale invisible	Dienstleistungsbilanz
visible trade balance	balance commerciale visible	Handelsbilanz
trade cycle	cycle économique	Konjunkturzyklus
trade gap	déficit du commerce	Handelslücke
	extérieur	
trade investments	investissements directs	Handelsinvestition
trade mark	marque de fabrique	Handelsmarke
trade price	prix marchand, prix de	Handelspreis
	demigros	
trade union	syndicat	Gewerkschaft
trading profits	bénéfices d'exploitation	Handelsgewinne
transfer deed	acte de transfert	Übertragungs-,
		Auflassungsurkunde
trend	tendance	Tendenz
trust	trust	Trust
investment trust	société d'investissement	Investment-Trust
open-ended trust	SICAV (Société d'investisse-	Investment-Fonds mit
	ment à capital variable)	beliebiger Emissionshöhe
unit trust	SICAV	Unit-Trust
turn (jobber's) commission	commission	Maklerspanne
turnover	chiffre d'affaires	Umsatz
uncalled capital	capital non versé	nicht eingezahltes Kapital
undersubscribed	émission non couverte	nicht voll untergebracht
underwriter	assureur	Versicherer
unemployment	chômage	Arbeitslosigkeit
unit trust	SICAV	Unit-Trust
unquoted securities	titres non cotés	unnotierte Wertpapiere
unsecured	sans garantie	ungesichert
unsecured loan stock	titres d'emprunt non garantis	ungesicherte Anleihen
value	valeur	Vermögenswerte, Werte
break-up value	valeur de récupération	Liquidationswert
marginal value	valeur marginale	Grenzwert
nominal value	valeur nominale	Nominalwert, Nennwert
variable (adj.)	variable	veränderlich, variabel
(noun)	variation	Veränderung
viable	viable	lebensfähig
wage	salaire	Lohn
wholesale	en gros	im Großen, en gros,
		Großhandel
work-in-progress	en cours de fabrication	im Arbeitsprozess
work-study	étude du travail	Arbeitsstudie
working capital	fonds du roulement,	Betriebskapital
	capital d'exploitation	
yield	revenu	Rendite

Birthdays Geburtstage Anniversaires Compleanni
Verjaardagen Cumpleaños

	January	February	March
1			
2			
3			
4			
5			
6			
7			
8			
9			
10			
11			
12			
13			
14			
15			
16			
17			
18			
19			
20			
21			
22			
23			
24			
25			
26			
27			
28			
29			
30			
31			

Compleanni Anniversaires Geburtstage **Birthdays**
Cumpleaños Verjaardagen

	April	May	June
1			
2			
3			
4			
5			
6			
7			
8			
9			
10			
11			
12			
13			
14			
15			
16			
17			
18			
19			
20			
21			
22			
23			
24			
25			
26			
27			
28			
29			
30			
31			

Birthdays Geburtstage Anniversaires Compleanni
Verjaardagen Cumpleaños

	July	August	September
1			
2			
3			
4			
5			
6			
7			
8			
9			
10			
11			
12			
13			
14			
15			
16			
17			
18			
19			
20			
21			
22			
23			
24			
25			
26			
27			
28			
29			
30			
31			

Compleanni Anniversaires Geburtstage **Birthdays**
Cumpleaños Verjaardagen

	October	November	December
1			
2			
3			
4			
5			
6			
7			
8			
9			
10			
11			
12			
13			
14			
15			
16			
17			
18			
19			
20			
21			
22			
23			
24			
25			
26			
27			
28			
29			
30			
31			

2009 Holiday List Feiertage Jours Fériés Giorni Festivi Dias Festivos Feestdagen

December 2008
December 31, 2008, *Wednesday*
New Year's Eve • Silvester •
Saint-Sylvestre • Oudejaarsdag •
Oudejaarsavond

January 2009
January 1, 2009, *Thursday*
Kwanzaa ends, *USA*
New Year's Day • Neujahr • Nouvel An •
Nieuwjaar

January 2, 2009, *Friday*
Berchtoldstag, *Switzerland*
Bank Holiday, *Scotland*

January 6, 2009, *Tuesday*
Epiphany • Heilige Drei Könige •
Epiphanie • Driekoningen

January 19, 2009, *Monday*
Martin Luther King, Jr.'s Birthday, *USA*

January 25, 2009, *Sunday*
Burns Day, *Scotland*

January 26, 2009, *Monday*
Australia Day, *Australia*
Chinese (Lunar) New Year

January 31, 2009, *Saturday*
Koningin Beatrix (1938), *Netherlands*

February 2009
February 2, 2009, *Monday*
Groundhog Day, *USA*

February 14, 2009, *Saturday*
St. Valentine's Day • Valentinstag • Saint-
Valentin • Valentijnsdag • Valentijn

February 16, 2009, *Monday*
Presidents' Day, *USA*

February 24, 2009, *Tuesday*
Mardi Gras, *Canada, France, USA*

February 25, 2009, *Wednesday*
Ash Wednesday • Aschermittwoch •
Cendres • Aswoensdag

March 2009
March 1, 2009, *Sunday*
St. David's Day, *Wales*

March 8, 2009, *Sunday*
Daylight Saving Time begins, *USA,
Canada*

March 9, 2009, *Monday*
Purim • Pourim (begins at sundown)

March 17, 2009, *Tuesday*
St. Patrick's Day, *N. Ireland,
Rep. of Ireland*

March 19, 2009, *Thursday*
Josephstag, *Switzerland*

March 20, 2009, *Friday*
Vernal Equinox • Frühlings-
Tagundnachtgleiche • Printemps
(11:44 Universal Time)

March 22, 2009, *Sunday*
Mother's Day, *UK*

March 29, 2009, *Sunday*
Beginn der Sommerzeit, *Austria,
Germany, Switzerland*
Begin Zomertijd, *Belgium, Netherlands*
Clocks forward one hour, *UK*

April 2009
April 5, 2009, *Sunday*
Palm Sunday • Palmsonntag • Rameaux •
Palmzondag

April 8, 2009, *Wednesday*
Passover • Pessa'h (begins at sundown)

April 9, 2009, *Thursday*
Gründonnerstag, *Germany*
Witte Donderdag, *Netherlands*

April 10, 2009, *Friday*
Good Friday • Karfreitag • Vendredi
Saint • Goede Vrijdag

April 12, 2009, *Sunday*
Easter Sunday • Ostersonntag • Pâques •
Eerste Paasdag • Pasen

April 13, 2009, *Monday*
Easter Monday • Ostermontag • Lundi de
Pâques • Tweede Paasdag •
Paasmaandag

April 17, 2009, *Friday*
Orthodox Good Friday

April 19, 2009, *Sunday*
Orthodox Easter Sunday

April 20, 2009, *Monday*
Holocaust Remembrance Day •
Yom Hashoah (begins at sundown)

April 23, 2009, *Thursday*
St. George's Day, *England*

April 25, 2009, *Saturday*
Anzac Day, *Australia and New Zealand*

April 27, 2009, *Monday*
Prins Willem Alexander (1967),
Netherlands

April 30, 2009, *Thursday*
Koninginnedag, *Netherlands*

May 2009
May 1, 2009, *Friday*
Dag van de arbeid, *Netherlands*
Feest van de Arbeid, *Belgium*
Fête du travail, *France*
Maifeiertag, *Germany*
Staatsfeiertag, *Austria*
Tag der Arbeit, *Switzerland*

May 4, 2009, *Monday*
Herdenking der gevallenen, *Netherlands*
May Day Bank Holiday, *UK,
Rep. of Ireland*

May 5, 2009, *Tuesday*
Bevrijdingsdag, *Netherlands*

May 8, 2009, *Friday*
Fête de la Victoire 1945, *France*

May 10, 2009, *Sunday*
Mother's Day • Muttertag • Moederdag

May 18, 2009, *Monday*
Victoria Day, *Canada*

May 21, 2009, *Thursday*
Ascension Day • Christi Himmelfahrt •
Ascension • Hemelvaartsdag • Onze
Lieve Heer - Hemelvaart

May 25, 2009, *Monday*
Memorial Day, *USA*
Spring Bank Holiday, *UK*

May 28, 2009, *Thursday*
Shavuoth • Chavouoth
(begins at sundown)

May 31, 2009, *Sunday*
Pentecost Sunday • Pfingstsonntag •
Pentecôte • Eerste Pinksterdag •
Pinksteren

June 2009
June 1, 2009, *Monday*
Bank Holiday, *Rep. of Ireland*
Pentecost Monday • Pfingstmontag •
Lundi de Pentecôte • Tweede
Pinksterdag • Pinkstermaandag

June 11, 2009, *Thursday*
Fronleichnam, *Austria, Germany,
Switzerland*

June 21, 2009, *Sunday*
Father's Day • Fête des Pères •
Vaderdag
Summer Solstice •
Sommersonnenwende • Solstice d'été
(05:45 Universal Time)

June 24, 2009, *Wednesday*
St. Jean Baptiste Day, *Canada (Quebec)*

July 2009
July 1, 2009, *Wednesday*
Canada Day, *Canada*

July 4, 2009, *Saturday*
Independence Day, *USA*

July 12, 2009, *Sunday*
Battle of the Boyne, *N. Ireland*

July 14, 2009, *Tuesday*
Fête Nationale, *France*

July 21, 2009, *Tuesday*
Nationale Feestdag, *Belgium*

August 2009
August 1, 2009, *Saturday*
Nationalfeiertag, *Switzerland*

August 3, 2009, *Monday*
Summer Bank Holiday, *Rep. of Ireland,
Scotland*

August 15, 2009, *Saturday*
Feast of the Assumption • Mariä
Himmelfahrt • Assomption • Maria ten
hemelopneming • Onze Lieve Vrouw –
Hemelvaart

August 31, 2009, *Monday*
Summer Bank Holiday, *UK*
(except *Scotland*)

September 2009
September 7, 2009, *Monday*
Labor Day, *USA*
Labour Day, *Canada*

September 18, 2009, *Friday*
Rosh Hashanah • Roch Hachana
(begins at sundown)

September 21, 2009, *Monday*
U.N. International Day of Peace

September 22, 2009, *Tuesday*
Autumnal Equinox • Herbst-
Tagundnachtgleiche • Automne
(21:18 Universal Time)

September 27, 2009, *Sunday*
Yom Kippur • Yom Kippour
(begins at sundown)

October 2009
October 2, 2009, *Friday*
Sukkot • Souccot
(begins at sundown)

October 3, 2009, *Saturday*
Tag der Deutschen Einheit, *Germany*

October 4, 2009, *Sunday*
Erntedankfest, *Germany*

October 9, 2009, *Friday*
Shemini Atzeret (begins at sundown)

October 12, 2009, *Monday*
Columbus Day, *USA*
Thanksgiving Day, *Canada*

October 25, 2009, *Sunday*
Clocks back one hour, *UK*
Einde Zomertijd, *Belgium, Netherlands*
Ende der Sommerzeit, *Austria, Germany,
Switzerland*

October 26, 2009, *Monday*
Bank Holiday, *Rep. of Ireland*
Nationalfeiertag, *Austria*

October 31, 2009, *Saturday*
Reformationstag, *Germany*
Halloween, *USA*

November 2009
November 1, 2009, *Sunday*
All Saints' Day • Allerheiligen • Toussaint
Daylight Saving Time ends, *USA,
Canada*

November 2, 2009, *Monday*
Allerzielen, *Belgium, Netherlands*

November 11, 2009, *Wednesday*
Armistice de 1918, *France*
Remembrance Day, *Canada*
Veterans' Day, *USA*
Wapenstilstand 1918, *Belgium*

November 15, 2009, *Sunday*
Volkstrauertag, *Germany*

November 18, 2009, *Wednesday*
Buß- und Bettag, *Germany*

November 22, 2009, *Sunday*
Totensonntag, *Germany*

November 26, 2009, *Thursday*
Thanksgiving Day, *USA*

November 30, 2009, *Monday*
St. Andrew's Day, *Scotland*

December 2009
December 5, 2009, *Saturday*
Sinterklaasavond, *Netherlands*

December 6, 2009, *Sunday*
Saint-Nicolas, *France*
Sint-Nicolaas, *Netherlands*

December 8, 2009, *Tuesday*
Immaculate Conception • Mariä
Empfängnis • Immaculée Conception •
Maria onbevlekt ontvangen

December 11, 2009, *Friday*
Hanukkah • Hannoucah
(begins at sundown)

December 21, 2009, *Monday*
Winter Solstice • Wintersonnenwende •
Solstice d'hiver (17:47 Universal Time)

December 24, 2009, *Thursday*
Christmas Eve • Heiligabend • Veille de
Noël • Kerstavond

December 25, 2009, *Friday*
Christmas Day • 1. Weihnachtstag •
Noël • Eerste Kerstdag • Kerstmis

December 26, 2009, *Saturday*
Boxing Day, *Australia, Canada, UK*
Kwanzaa begins, *USA*
St. Stephen's Day • Stephanitag •
Stephanstag
2. Weihnachtstag • Tweede Kerstdag

December 31, 2009, *Thursday*
New Year's Eve • Silvester •
Saint-Sylvestre • Oudejaarsdag •
Oudejaarsavond

January 2010
January 1, 2010, *Friday*
Kwanzaa ends, *USA*
New Year's Day • Neujahr • Nouvel An •
Nieuwjaar

January 2, 2010, *Saturday*
Berchtoldstag, *Switzerland*

January 6, 2010, *Wednesday*
Epiphany • Heilige Drei Könige •
Epiphanie • Driekoningen

January 2009

S	M	T	W	T	F	S
				1	2	3
4	5	6	7	8	9	10
11	12	13	14	15	16	17
18	19	20	21	22	23	24
25	26	27	28	29	30	31

February 2009

S	M	T	W	T	F	S
1	2	3	4	5	6	7
8	9	10	11	12	13	14
15	16	17	18	19	20	21
22	23	24	25	26	27	28

March 2009

S	M	T	W	T	F	S
1	2	3	4	5	6	7
8	9	10	11	12	13	14
15	16	17	18	19	20	21
22	23	24	25	26	27	28
29	30	31				

April 2009

S	M	T	W	T	F	S
			1	2	3	4
5	6	7	8	9	10	11
12	13	14	15	16	17	18
19	20	21	22	23	24	25
26	27	28	29	30		

May 2009

S	M	T	W	T	F	S
					1	2
3	4	5	6	7	8	9
10	11	12	13	14	15	16
17	18	19	20	21	22	23
24	25	26	27	28	29	30
31						

June 2009

S	M	T	W	T	F	S
	1	2	3	4	5	6
7	8	9	10	11	12	13
14	15	16	17	18	19	20
21	22	23	24	25	26	27
28	29	30				

July 2009

S	M	T	W	T	F	S
			1	2	3	4
5	6	7	8	9	10	11
12	13	14	15	16	17	18
19	20	21	22	23	24	25
26	27	28	29	30	31	

August 2009

S	M	T	W	T	F	S
						1
2	3	4	5	6	7	8
9	10	11	12	13	14	15
16	17	18	19	20	21	22
23	24	25	26	27	28	29
30	31					

September 2009

S	M	T	W	T	F	S
		1	2	3	4	5
6	7	8	9	10	11	12
13	14	15	16	17	18	19
20	21	22	23	24	25	26
27	28	29	30			

October 2009

S	M	T	W	T	F	S
				1	2	3
4	5	6	7	8	9	10
11	12	13	14	15	16	17
18	19	20	21	22	23	24
25	26	27	28	29	30	31

November 2009

S	M	T	W	T	F	S
1	2	3	4	5	6	7
8	9	10	11	12	13	14
15	16	17	18	19	20	21
22	23	24	25	26	27	28
29	30					

December 2009

S	M	T	W	T	F	S
		1	2	3	4	5
6	7	8	9	10	11	12
13	14	15	16	17	18	19
20	21	22	23	24	25	26
27	28	29	30	31		

● = New Moon / Neumond / Nouvelle lune
☽ = First Quarter or Waxing Moon / Erstes Viertel, zunehmender Mond / Premier quartier, lune montante
○ = Full Moon / Vollmond / Pleine lune
☾ = Last Quarter or Waning Moon / Letztes Viertel, abnehmender Mond / Dernier quartier, lune descendante

Lunar phases noted in this calendar are presented in terms of Universal Time.
Unsere Angaben der Mondphasen beziehen sich auf die Universal Time.
Les phases lunaires que nous indiquons se basent sur le Temps Universel de Greenwich.

December 2008 Dezember Décembre Dicembre Diciembre December
January 2009 Januar Janvier Gennaio Enero Januari

29 Monday
Montag
Lundi
Lunedì
Lunes
Maandag

December 2008

S	M	T	W	T	F	S
	1	2	3	4	5	6
7	8	9	10	11	12	13
14	15	16	17	18	19	20
21	22	23	24	25	26	27
28	29	30	31			

30 Tuesday
Dienstag
Mardi
Martedì
Martes
Dinsdag

31 Wednesday
Mittwoch
Mercredi
Mercoledì
Miércoles
Woensdag

New Year's Eve • Silvester • Saint-Sylvestre • Oudejaarsdag • Oudejaarsavond

January 2009

S	M	T	W	T	F	S
				1	2	3
4	5	6	7	8	9	10
11	12	13	14	15	16	17
18	19	20	21	22	23	24
25	26	27	28	29	30	31

1 Thursday
Donnerstag
Jeudi
Giovedì
Jueves
Donderdag

Kwanzaa ends, *USA*
New Year's Day • Neujahr • Nouvel An • Nieuwjaar

2 Friday
Freitag
Vendredi
Venerdì
Viernes
Vrijdag

Berchtoldstag, *Switzerland*
Bank Holiday, *Scotland*

February 2009

S	M	T	W	T	F	S
1	2	3	4	5	6	7
8	9	10	11	12	13	14
15	16	17	18	19	20	21
22	23	24	25	26	27	28

3 Saturday
Samstag
Samedi
Sabato
Sábado
Zaterdag

4 Sunday
Sonntag
Dimanche
Domenica
Domingo
Zondag

Week 1

Waterlilies · Seerosen · Nymphéas, 1905
Oil on canvas/Öl auf Leinwand/Huile sur toile, 89.5 x 100.3 cm
Gift of Edward Jackson Holmes, Inv. Nr. 39.804, Museum of Fine Arts, Boston. Photo © akg-images

Januari Enero Gennaio Janvier Januar January 2009

Monday **5**
Montag
Lundi
Lunedì
Lunes
Maandag

Tuesday **6**
Dienstag
Mardi
Martedì
Martes
Dinsdag

Epiphany • Heilige Drei Könige • Epiphanie • Driekoningen

Wednesday **7**
Mittwoch
Mercredi
Mercoledì
Miércoles
Woensdag

Thursday **8**
Donnerstag
Jeudi
Giovedì
Jueves
Donderdag

Friday **9**
Freitag
Vendredi
Venerdì
Viernes
Vrijdag

Saturday **10**
Samstag
Samedi
Sabato
Sábado
Zaterdag

Sunday **11**
Sonntag
Dimanche
Domenica
Domingo
Zondag

December 2008

S	M	T	W	T	F	S
	1	2	3	4	5	6
7	8	9	10	11	12	13
14	15	16	17	18	19	20
21	22	23	24	25	26	27
28	29	30	31			

January 2009

S	M	T	W	T	F	S
				1	2	3
4	5	6	7	8	9	10
11	12	13	14	15	16	17
18	19	20	21	22	23	24
25	26	27	28	29	30	31

February 2009

S	M	T	W	T	F	S
1	2	3	4	5	6	7
8	9	10	11	12	13	14
15	16	17	18	19	20	21
22	23	24	25	26	27	28

Week 2

January 2009 Januar Janvier Gennaio Enero Januari

12 Monday
Montag
Lundi
Lunedì
Lunes
Maandag

December 2008

S	M	T	W	T	F	S
	1	2	3	4	5	6
7	8	9	10	11	12	13
14	15	16	17	18	19	20
21	22	23	24	25	26	27
28	29	30	31			

13 Tuesday
Dienstag
Mardi
Martedì
Martes
Dinsdag

14 Wednesday
Mittwoch
Mercredi
Mercoledì
Miércoles
Woensdag

January 2009

S	M	T	W	T	F	S
				1	2	3
4	5	6	7	8	9	10
11	12	13	14	15	16	17
18	19	20	21	22	23	24
25	26	27	28	29	30	31

15 Thursday
Donnerstag
Jeudi
Giovedì
Jueves
Donderdag

16 Friday
Freitag
Vendredi
Venerdì
Viernes
Vrijdag

February 2009

S	M	T	W	T	F	S
1	2	3	4	5	6	7
8	9	10	11	12	13	14
15	16	17	18	19	20	21
22	23	24	25	26	27	28

17 Saturday
Samstag
Samedi
Sabato
Sábado
Zaterdag

18 Sunday
Sonntag
Dimanche
Domenica
Domingo
Zondag

Week 3

Januari Enero Gennaio Janvier Januar January 2009

Monday 19
Montag
Lundi
Lunedì
Lunes
Maandag

Martin Luther King, Jr.'s Birthday, *USA*

Tuesday 20
Dienstag
Mardi
Martedì
Martes
Dinsdag

December 2008

S	M	T	W	T	F	S
	1	2	3	4	5	6
7	8	9	10	11	12	13
14	15	16	17	18	19	20
21	22	23	24	25	26	27
28	29	30	31			

Wednesday 21
Mittwoch
Mercredi
Mercoledì
Miércoles
Woensdag

January 2009

S	M	T	W	T	F	S
				1	2	3
4	5	6	7	8	9	10
11	12	13	14	15	16	17
18	19	20	21	22	23	24
25	26	27	28	29	30	31

Thursday 22
Donnerstag
Jeudi
Giovedì
Jueves
Donderdag

Friday 23
Freitag
Vendredi
Venerdì
Viernes
Vrijdag

February 2009

S	M	T	W	T	F	S
1	2	3	4	5	6	7
8	9	10	11	12	13	14
15	16	17	18	19	20	21
22	23	24	25	26	27	28

Saturday 24
Samstag
Samedi
Sabato
Sábado
Zaterdag

Sunday 25
Sonntag
Dimanche
Domenica
Domingo
Zondag

Burns Day, *Scotland*

Week 4

January 2009 Januar Janvier Gennaio Enero Januari
February 2009 Februar Février Febbraio Febrero Februari

26
Monday
Montag
Lundi
Lunedì
Lunes
Maandag

● Australia Day, *Australia*
Chinese (Lunar) New Year

January 2009

S	M	T	W	T	F	S
				1	2	3
4	5	6	7	8	9	10
11	12	13	14	15	16	17
18	19	20	21	22	23	24
25	26	27	28	29	30	31

27
Tuesday
Dienstag
Mardi
Martedì
Martes
Dinsdag

February 2009

S	M	T	W	T	F	S
1	2	3	4	5	6	7
8	9	10	11	12	13	14
15	16	17	18	19	20	21
22	23	24	25	26	27	28

28
Wednesday
Mittwoch
Mercredi
Mercoledì
Miércoles
Woensdag

29
Thursday
Donnerstag
Jeudi
Giovedì
Jueves
Donderdag

March 2009

S	M	T	W	T	F	S
1	2	3	4	5	6	7
8	9	10	11	12	13	14
15	16	17	18	19	20	21
22	23	24	25	26	27	28
29	30	31				

30
Friday
Freitag
Vendredi
Venerdì
Viernes
Vrijdag

31
Saturday
Samstag
Samedi
Sabato
Sábado
Zaterdag

Koningin Beatrix (1938), *Netherlands*

1
Sunday
Sonntag
Dimanche
Domenica
Domingo
Zondag

Week 5

The Manneporte · Das Felsentor La Manneporte · La Manneporte, 1883
Oil on canvas/Öl auf Leinwand/Huile sur toile, 73.5 x 92 cm
Private Collection/Privatbesitz/Collection particulière. Photo © bridgemanart.com

Februari Febrero Febbraio Février Februar **February 2009**

Monday / Montag / Lundi / Lunedì / Lunes / Maandag — 2
Groundhog Day, USA

Tuesday / Dienstag / Mardi / Martedì / Martes / Dinsdag — 3

Wednesday / Mittwoch / Mercredi / Mercoledì / Miércoles / Woensdag — 4

Thursday / Donnerstag / Jeudi / Giovedì / Jueves / Donderdag — 5

Friday / Freitag / Vendredi / Venerdì / Viernes / Vrijdag — 6

Saturday / Samstag / Samedi / Sabato / Sábado / Zaterdag — 7

Sunday / Sonntag / Dimanche / Domenica / Domingo / Zondag — 8

January 2009

S	M	T	W	T	F	S
				1	2	3
4	5	6	7	8	9	10
11	12	13	14	15	16	17
18	19	20	21	22	23	24
25	26	27	28	29	30	31

February 2009

S	M	T	W	T	F	S
1	2	3	4	5	6	7
8	9	10	11	12	13	14
15	16	17	18	19	20	21
22	23	24	25	26	27	28

March 2009

S	M	T	W	T	F	S
1	2	3	4	5	6	7
8	9	10	11	12	13	14
15	16	17	18	19	20	21
22	23	24	25	26	27	28
29	30	31				

Week 6

February 2009 Februar Février Febbraio Febrero Februari

9 Monday
Montag
Lundi
Lunedì
Lunes
Maandag

10 Tuesday
Dienstag
Mardi
Martedì
Martes
Dinsdag

11 Wednesday
Mittwoch
Mercredi
Mercoledì
Miércoles
Woensdag

12 Thursday
Donnerstag
Jeudi
Giovedì
Jueves
Donderdag

13 Friday
Freitag
Vendredi
Venerdì
Viernes
Vrijdag

14 Saturday
Samstag
Samedi
Sabato
Sábado
Zaterdag

St. Valentine's Day • Valentinstag • Saint-Valentin • Valentijnsdag • Valentijn

15 Sunday
Sonntag
Dimanche
Domenica
Domingo
Zondag

January 2009

S	M	T	W	T	F	S
				1	2	3
4	5	6	7	8	9	10
11	12	13	14	15	16	17
18	19	20	21	22	23	24
25	26	27	28	29	30	31

February 2009

S	M	T	W	T	F	S
1	2	3	4	5	6	7
8	9	10	11	12	13	14
15	16	17	18	19	20	21
22	23	24	25	26	27	28

March 2009

S	M	T	W	T	F	S
1	2	3	4	5	6	7
8	9	10	11	12	13	14
15	16	17	18	19	20	21
22	23	24	25	26	27	28
29	30	31				

Week 7

Februari Febrero Febbraio Février Februar **February 2009**

Monday **16**
Montag
Lundi
Lunedì
Lunes
Maandag

Presidents' Day, *USA*

Tuesday **17**
Dienstag
Mardi
Martedì
Martes
Dinsdag

January 2009

S	M	T	W	T	F	S
				1	2	3
4	5	6	7	8	9	10
11	12	13	14	15	16	17
18	19	20	21	22	23	24
25	26	27	28	29	30	31

Wednesday **18**
Mittwoch
Mercredi
Mercoledì
Miércoles
Woensdag

February 2009

S	M	T	W	T	F	S
1	2	3	4	5	6	7
8	9	10	11	12	13	14
15	16	17	18	19	20	21
22	23	24	25	26	27	28

Thursday **19**
Donnerstag
Jeudi
Giovedì
Jueves
Donderdag

March 2009

S	M	T	W	T	F	S
1	2	3	4	5	6	7
8	9	10	11	12	13	14
15	16	17	18	19	20	21
22	23	24	25	26	27	28
29	30	31				

Friday **20**
Freitag
Vendredi
Venerdì
Viernes
Vrijdag

Saturday **21**
Samstag
Samedi
Sabato
Sábado
Zaterdag

Sunday **22**
Sonntag
Dimanche
Domenica
Domingo
Zondag

Week 8

February 2009 Februar Février Febbraio Febrero Februari
March 2009 März Mars Marzo Marzo Maart

23 Monday / Montag / Lundi / Lunedi / Lunes / Maandag

February 2009

S	M	T	W	T	F	S
1	2	3	4	5	6	7
8	9	10	11	12	13	14
15	16	17	18	19	20	21
22	23	24	25	26	27	28

24 Tuesday / Dienstag / Mardi / Martedi / Martes / Dinsdag

Mardi Gras, *Canada, France, USA*

25 Wednesday / Mittwoch / Mercredi / Mercoledi / Miércoles / Woensdag

Ash Wednesday • Aschermittwoch • Cendres • Aswoensdag

March 2009

S	M	T	W	T	F	S
1	2	3	4	5	6	7
8	9	10	11	12	13	14
15	16	17	18	19	20	21
22	23	24	25	26	27	28
29	30	31				

26 Thursday / Donnerstag / Jeudi / Giovedi / Jueves / Donderdag

April 2009

S	M	T	W	T	F	S
			1	2	3	4
5	6	7	8	9	10	11
12	13	14	15	16	17	18
19	20	21	22	23	24	25
26	27	28	29	30		

27 Friday / Freitag / Vendredi / Venerdi / Viernes / Vrijdag

28 Saturday / Samstag / Samedi / Sabato / Sábado / Zaterdag

1 Sunday / Sonntag / Dimanche / Domenica / Domingo / Zondag

St. David's Day, *Wales*

Week 9

Yellow and Lilac Waterlilies · Gelbe und lila Seerosen · Nymphéas jaunes et lilas, 1918
Oil on canvas/Öl auf Leinwand/Huile sur toile, 200 x 215 cm
Sammlung E. G. Bührle, Zürich. Photo © bridgemanart.com

Maart Marzo Marzo Mars März March 2009

2 Monday / Montag / Lundi / Lunedi / Lunes / Maandag

3 Tuesday / Dienstag / Mardi / Martedi / Martes / Dinsdag

4 Wednesday / Mittwoch / Mercredi / Mercoledi / Miércoles / Woensdag

5 Thursday / Donnerstag / Jeudi / Giovedi / Jueves / Donderdag

6 Friday / Freitag / Vendredi / Venerdi / Viernes / Vrijdag

7 Saturday / Samstag / Samedi / Sabato / Sábado / Zaterdag

8 Sunday / Sonntag / Dimanche / Domenica / Domingo / Zondag

Daylight Saving Time begins, *USA, Canada*

February 2009

S	M	T	W	T	F	S
1	2	3	4	5	6	7
8	9	10	11	12	13	14
15	16	17	18	19	20	21
22	23	24	25	26	27	28

March 2009

S	M	T	W	T	F	S
1	2	3	4	5	6	7
8	9	10	11	12	13	14
15	16	17	18	19	20	21
22	23	24	25	26	27	28
29	30	31				

April 2009

S	M	T	W	T	F	S
			1	2	3	4
5	6	7	8	9	10	11
12	13	14	15	16	17	18
19	20	21	22	23	24	25
26	27	28	29	30		

Week 10

March 2009 März Mars Marzo Marzo Maart

9 Monday
Montag
Lundi
Lunedì
Lunes
Maandag

Purim • Pourim (begins at sundown)

February 2009

S	M	T	W	T	F	S
1	2	3	4	5	6	7
8	9	10	11	12	13	14
15	16	17	18	19	20	21
22	23	24	25	26	27	28

10 Tuesday
Dienstag
Mardi
Martedì
Martes
Dinsdag

March 2009

S	M	T	W	T	F	S
1	2	3	4	5	6	7
8	9	10	11	12	13	14
15	16	17	18	19	20	21
22	23	24	25	26	27	28
29	30	31				

11 Wednesday
Mittwoch
Mercredi
Mercoledì
Miércoles
Woensdag

○

12 Thursday
Donnerstag
Jeudi
Giovedì
Jueves
Donderdag

April 2009

S	M	T	W	T	F	S
			1	2	3	4
5	6	7	8	9	10	11
12	13	14	15	16	17	18
19	20	21	22	23	24	25
26	27	28	29	30		

13 Friday
Freitag
Vendredi
Venerdì
Viernes
Vrijdag

14 Saturday
Samstag
Samedi
Sabato
Sábado
Zaterdag

15 Sunday
Sonntag
Dimanche
Domenica
Domingo
Zondag

Week 11

Maart Marzo Marzo Mars März **March 2009**

Monday **16**
Montag
Lundi
Lunedì
Lunes
Maandag

Tuesday **17**
Dienstag
Mardi
Martedì
Martes
Dinsdag

St. Patrick's Day, *N. Ireland, Rep. of Ireland, USA*

February 2009						
S	**M**	**T**	**W**	**T**	**F**	**S**
1	2	3	4	5	6	7
8	9	10	11	12	13	14
15	16	17	18	19	20	21
22	23	24	25	26	27	28

Wednesday **18**
Mittwoch
Mercredi
Mercoledì
Miércoles
Woensdag

☽

March 2009						
S	**M**	**T**	**W**	**T**	**F**	**S**
1	2	3	4	5	6	7
8	9	10	11	12	13	14
15	16	17	18	19	20	21
22	23	24	25	26	27	28
29	30	31				

Thursday **19**
Donnerstag
Jeudi
Giovedì
Jueves
Donderdag

Josephstag, *Switzerland*

April 2009						
S	**M**	**T**	**W**	**T**	**F**	**S**
			1	2	3	4
5	6	7	8	9	10	11
12	13	14	15	16	17	18
19	20	21	22	23	24	25
26	27	28	29	30		

Friday **20**
Freitag
Vendredi
Venerdì
Viernes
Vrijdag

Vernal Equinox • Frühlings-Tagundnachtgleiche • Printemps (11:44 Universal Time)

Saturday **21**
Samstag
Samedi
Sabato
Sábado
Zaterdag

Sunday **22**
Sonntag
Dimanche
Domenica
Domingo
Zondag

Mother's Day, *UK*

Week 12

March 2009 März Mars Marzo Marzo Maart

23 Monday
Montag
Lundi
Lunedì
Lunes
Maandag

February 2009

S	M	T	W	T	F	S
1	2	3	4	5	6	7
8	9	10	11	12	13	14
15	16	17	18	19	20	21
22	23	24	25	26	27	28

24 Tuesday
Dienstag
Mardi
Martedì
Martes
Dinsdag

25 Wednesday
Mittwoch
Mercredi
Mercoledì
Miércoles
Woensdag

March 2009

S	M	T	W	T	F	S
1	2	3	4	5	6	7
8	9	10	11	12	13	14
15	16	17	18	19	20	21
22	23	24	25	26	27	28
29	30	31				

26 Thursday
Donnerstag
Jeudi
Giovedì
Jueves
Donderdag

April 2009

S	M	T	W	T	F	S
			1	2	3	4
5	6	7	8	9	10	11
12	13	14	15	16	17	18
19	20	21	22	23	24	25
26	27	28	29	30		

27 Friday
Freitag
Vendredi
Venerdì
Viernes
Vrijdag

28 Saturday
Samstag
Samedi
Sabato
Sábado
Zaterdag

29 Sunday
Sonntag
Dimanche
Domenica
Domingo
Zondag

Week 13

Beginn der Sommerzeit, *Austria, Germany, Switzerland*

Begin Zomertijd, *Belgium, Netherlands*
Clocks forward one hour, *UK*

The Landing Stage · Der Landesteg · L'Embarcadère, 1869
Oil on canvas/Öl auf Leinwand/Huile sur toile, 54 x 74 cm
Private Collection/Privatbesitz/Collection particulière. Photo © bridgemanart.com

Maart Marzo Marzo Mars März **March 2009**
April Abril Aprile Avril April **April 2009**

Monday 30
Montag
Lundi
Lunedì
Lunes
Maandag

Tuesday 31
Dienstag
Mardi
Martedì
Martes
Dinsdag

March 2009						
S	M	T	W	T	F	S
1	2	3	4	5	6	7
8	9	10	11	12	13	14
15	16	17	18	19	20	21
22	23	24	25	26	27	28
29	30	31				

Wednesday 1
Mittwoch
Mercredi
Mercoledì
Miércoles
Woensdag

April 2009						
S	M	T	W	T	F	S
			1	2	3	4
5	6	7	8	9	10	11
12	13	14	15	16	17	18
19	20	21	22	23	24	25
26	27	28	29	30		

Thursday 2
Donnerstag
Jeudi
Giovedì
Jueves
Donderdag

☽

Friday 3
Freitag
Vendredi
Venerdì
Viernes
Vrijdag

May 2009						
S	M	T	W	T	F	S
					1	2
3	4	5	6	7	8	9
10	11	12	13	14	15	16
17	18	19	20	21	22	23
24	25	26	27	28	29	30
31						

Saturday 4
Samstag
Samedi
Sabato
Sábado
Zaterdag

Sunday 5
Sonntag
Dimanche
Domenica
Domingo
Zondag

Palm Sunday • Palmsonntag • Rameaux • Palmzondag

Week 14

April 2009 April Avril Aprile Abril April

6 Monday
Montag
Lundi
Lunedì
Lunes
Maandag

March 2009

S	M	T	W	T	F	S
1	2	3	4	5	6	7
8	9	10	11	12	13	14
15	16	17	18	19	20	21
22	23	24	25	26	27	28
29	30	31				

7 Tuesday
Dienstag
Mardi
Martedì
Martes
Dinsdag

April 2009

S	M	T	W	T	F	S
			1	2	3	4
5	6	7	8	9	10	11
12	13	14	15	16	17	18
19	20	21	22	23	24	25
26	27	28	29	30		

8 Wednesday
Mittwoch
Mercredi
Mercoledì
Miércoles
Woensdag

Passover • Pessa'h (begins at sundown)

9 Thursday
Donnerstag
Jeudi
Giovedì
Jueves
Donderdag

Gründonnerstag, *Germany*
Witte Donderdag, *Netherlands*

May 2009

S	M	T	W	T	F	S
					1	2
3	4	5	6	7	8	9
10	11	12	13	14	15	16
17	18	19	20	21	22	23
24	25	26	27	28	29	30
31						

10 Friday
Freitag
Vendredi
Venerdì
Viernes
Vrijdag

Good Friday • Karfreitag • Vendredi Saint • Goede Vrijdag

11 Saturday
Samstag
Samedi
Sabato
Sábado
Zaterdag

12 Sunday
Sonntag
Dimanche
Domenica
Domingo
Zondag

Easter Sunday • Ostersonntag • Pâques • Eerste Paasdag • Pasen

Week 15

April Abril Aprile Avril April **April 2009**

Monday **13**
Montag
Lundi
Lunedì
Lunes
Maandag

Easter Monday • Ostermontag • Lundi de Pâques • Tweede Paasdag • Paasmaandag

Tuesday **14**
Dienstag
Mardi
Martedì
Martes
Dinsdag

March 2009						
S	M	T	W	T	F	S
1	2	3	4	5	6	7
8	9	10	11	12	13	14
15	16	17	18	19	20	21
22	23	24	25	26	27	28
29	30	31				

Wednesday **15**
Mittwoch
Mercredi
Mercoledì
Miércoles
Woensdag

Thursday **16**
Donnerstag
Jeudi
Giovedì
Jueves
Donderdag

April 2009						
S	M	T	W	T	F	S
			1	2	3	4
5	6	7	8	9	10	11
12	13	14	15	16	17	18
19	20	21	22	23	24	25
26	27	28	29	30		

Friday **17**
Freitag
Vendredi
Venerdì
Viernes
Vrijdag

Orthodox Good Friday

May 2009						
S	M	T	W	T	F	S
					1	2
3	4	5	6	7	8	9
10	11	12	13	14	15	16
17	18	19	20	21	22	23
24	25	26	27	28	29	30
31						

Saturday **18**
Samstag
Samedi
Sabato
Sábado
Zaterdag

Sunday **19**
Sonntag
Dimanche
Domenica
Domingo
Zondag

Orthodox Easter Sunday

Week 16

April 2009 April Avril Aprile Abril April

20 Monday
Montag
Lundi
Lunedì
Lunes
Maandag

Holocaust Remembrance Day • Yom Hashoah (begins at sundown)

21 Tuesday
Dienstag
Mardi
Martedì
Martes
Dinsdag

22 Wednesday
Mittwoch
Mercredi
Mercoledì
Miércoles
Woensdag

23 Thursday
Donnerstag
Jeudi
Giovedì
Jueves
Donderdag

St. George's Day, *England*

24 Friday
Freitag
Vendredi
Venerdì
Viernes
Vrijdag

25 Saturday
Samstag
Samedi
Sabato
Sábado
Zaterdag

Anzac Day, *Australia, New Zealand*

26 Sunday
Sonntag
Dimanche
Domenica
Domingo
Zondag

March 2009

S	M	T	W	T	F	S
1	2	3	4	5	6	7
8	9	10	11	12	13	14
15	16	17	18	19	20	21
22	23	24	25	26	27	28
29	30	31				

April 2009

S	M	T	W	T	F	S
			1	2	3	4
5	6	7	8	9	10	11
12	13	14	15	16	17	18
19	20	21	22	23	24	25
26	27	28	29	30		

May 2009

S	M	T	W	T	F	S
					1	2
3	4	5	6	7	8	9
10	11	12	13	14	15	16
17	18	19	20	21	22	23
24	25	26	27	28	29	30
31						

Week 17

*The Rock Needle and the Porte d'Aval · Felsnadel und Steilküste von Aval ·
L'Aiguille et la falaise d'Aval*, 1885. Oil on canvas/Öl auf Leinwand/Huile sur toile, 65 x 81 cm
S. & F. Clark Art Institute, Williamstown, Massachusetts. Photo © akg-images

April Abril Aprile Avril April **April 2009**
Mei Mayo Maggio Mai Mai **May 2009**

Monday 27
Montag
Lundi
Lunedi
Lunes
Maandag

Prins Willem Alexander (1967), *Netherlands*

Tuesday 28
Dienstag
Mardi
Martedi
Martes
Dinsdag

April 2009						
S	M	T	W	T	F	S
			1	2	3	4
5	6	7	8	9	10	11
12	13	14	15	16	17	18
19	20	21	22	23	24	25
26	27	28	29	30		

Wednesday 29
Mittwoch
Mercredi
Mercoledi
Miércoles
Woensdag

May 2009						
S	M	T	W	T	F	S
					1	2
3	4	5	6	7	8	9
10	11	12	13	14	15	16
17	18	19	20	21	22	23
24	25	26	27	28	29	30
31						

Thursday 30
Donnerstag
Jeudi
Giovedi
Jueves
Donderdag

Koninginnedag, *Netherlands*

Friday 1
Freitag
Vendredi
Venerdi
)) Viernes
Vrijdag

Dag van de arbeid, *Netherlands* • Feest van de Arbeid, *Belgium* • Fête du travail, *France* •
Maifeiertag, *Germany* • Staatsfeiertag, *Austria* • Tag der Arbeit, *Switzerland*

June 2009						
S	M	T	W	T	F	S
	1	2	3	4	5	6
7	8	9	10	11	12	13
14	15	16	17	18	19	20
21	22	23	24	25	26	27
28	29	30				

Saturday 2
Samstag
Samedi
Sabato
Sábado
Zaterdag

Sunday 3
Sonntag
Dimanche
Domenica
Domingo
Zondag

Week 18

May 2009 Mai Mai Maggio Mayo Mei

April 2009

S	M	T	W	T	F	S
			1	2	3	4
5	6	7	8	9	10	11
12	13	14	15	16	17	18
19	20	21	22	23	24	25
26	27	28	29	30		

May 2009

S	M	T	W	T	F	S
					1	2
3	4	5	6	7	8	9
10	11	12	13	14	15	16
17	18	19	20	21	22	23
24	25	26	27	28	29	30
31						

June 2009

S	M	T	W	T	F	S
	1	2	3	4	5	6
7	8	9	10	11	12	13
14	15	16	17	18	19	20
21	22	23	24	25	26	27
28	29	30				

4 Monday
Montag
Lundi
Lunedì
Lunes
Maandag

Herdenking der gevallenen, *Netherlands*
May Day Bank Holiday, *UK, Rep. of Ireland*

5 Tuesday
Dienstag
Mardi
Martedì
Martes
Dinsdag

Bevrijdingsdag, *Netherlands*

6 Wednesday
Mittwoch
Mercredi
Mercoledì
Miércoles
Woensdag

7 Thursday
Donnerstag
Jeudi
Giovedì
Jueves
Donderdag

8 Friday
Freitag
Vendredi
Venerdì
Viernes
Vrijdag

Fête de la Victoire 1945, *France*

9 Saturday
Samstag
Samedi
Sabato
Sábado
Zaterdag

○

10 Sunday
Sonntag
Dimanche
Domenica
Domingo
Zondag

Mother's Day • Muttertag • Moederdag

Week 19

Mei Mayo Maggio Mai Mai **May 2009**

Monday **11**
Montag
Lundi
Lunedì
Lunes
Maandag

Tuesday **12**
Dienstag
Mardi
Martedì
Martes
Dinsdag

April 2009						
S	M	T	W	T	F	S
			1	2	3	4
5	6	7	8	9	10	11
12	13	14	15	16	17	18
19	20	21	22	23	24	25
26	27	28	29	30		

Wednesday **13**
Mittwoch
Mercredi
Mercoledì
Miércoles
Woensdag

May 2009						
S	M	T	W	T	F	S
					1	2
3	4	5	6	7	8	9
10	11	12	13	14	15	16
17	18	19	20	21	22	23
24	25	26	27	28	29	30
31						

Thursday **14**
Donnerstag
Jeudi
Giovedì
Jueves
Donderdag

Friday **15**
Freitag
Vendredi
Venerdì
Viernes
Vrijdag

June 2009						
S	M	T	W	T	F	S
	1	2	3	4	5	6
7	8	9	10	11	12	13
14	15	16	17	18	19	20
21	22	23	24	25	26	27
28	29	30				

Saturday **16**
Samstag
Samedi
Sabato
Sábado
Zaterdag

Sunday **17**
Sonntag
Dimanche
Domenica
Domingo
Zondag

Week 20

May 2009 Mai Mai Maggio Mayo Mei

18 Monday
Montag
Lundi
Lunedì
Lunes
Maandag   Victoria Day, *Canada*

19 Tuesday
Dienstag
Mardi
Martedì
Martes
Dinsdag

20 Wednesday
Mittwoch
Mercredi
Mercoledì
Miércoles
Woensdag

21 Thursday
Donnerstag
Jeudi
Giovedì
Jueves
Donderdag   Ascension Day • Christi Himmelfahrt • Ascension • Hemelvaartsdag
Onze Lieve Heer - Hemelvaart

22 Friday
Freitag
Vendredi
Venerdì
Viernes
Vrijdag

23 Saturday
Samstag
Samedi
Sabato
Sábado
Zaterdag

24 Sunday
Sonntag
Dimanche
Domenica
Domingo
Zondag

April 2009

S	M	T	W	T	F	S
			1	2	3	4
5	6	7	8	9	10	11
12	13	14	15	16	17	18
19	20	21	22	23	24	25
26	27	28	29	30		

May 2009

S	M	T	W	T	F	S
					1	2
3	4	5	6	7	8	9
10	11	12	13	14	15	16
17	18	19	20	21	22	23
24	25	26	27	28	29	30
31						

June 2009

S	M	T	W	T	F	S
	1	2	3	4	5	6
7	8	9	10	11	12	13
14	15	16	17	18	19	20
21	22	23	24	25	26	27
28	29	30				

Week 21

The Iris Garden at Giverny · Der Irisgarten in Giverny · Le Jardin aux iris, Giverny, 1900
Oil on canvas/Öl auf Leinwand/Huile sur toile, 90 x 92 cm. Sammlung Mr. and Mrs. Paul Mellon
Yale University Art Gallery, New Haven, Connecticut. Photo © akg-images

Mei Mayo Maggio Mai Mai **May 2009**

Monday **25**
Montag
Lundi
Lunedì
Lunes
Maandag

Memorial Day, USA
Spring Bank Holiday, UK

Tuesday **26**
Dienstag
Mardi
Martedì
Martes
Dinsdag

April 2009						
S	M	T	W	T	F	S
			1	2	3	4
5	6	7	8	9	10	11
12	13	14	15	16	17	18
19	20	21	22	23	24	25
26	27	28	29	30		

Wednesday **27**
Mittwoch
Mercredi
Mercoledì
Miércoles
Woensdag

May 2009						
S	M	T	W	T	F	S
					1	2
3	4	5	6	7	8	9
10	11	12	13	14	15	16
17	18	19	20	21	22	23
24	25	26	27	28	29	30
31						

Thursday **28**
Donnerstag
Jeudi
Giovedì
Jueves
Donderdag

Shavuoth • Chavouoth (begins at sundown)

Friday **29**
Freitag
Vendredi
Venerdì
Viernes
Vrijdag

June 2009						
S	M	T	W	T	F	S
	1	2	3	4	5	6
7	8	9	10	11	12	13
14	15	16	17	18	19	20
21	22	23	24	25	26	27
28	29	30				

Saturday **30**
Samstag
Samedi
Sabato
Sábado
Zaterdag

Sunday **31**
Sonntag
Dimanche
Domenica
Domingo
Zondag

Pentecost Sunday • Pfingstsonntag • Pentecôte • Eerste Pinksterdag • Pinksteren

Week 22

June 2009 Juni Juin Giugno Junio Juni

1 Monday
Montag
Lundi
Lunedì
Lunes — Bank Holiday, *Rep. of Ireland*
Maandag — Pentecost Monday • Pfingstmontag • Lundi de Pentecôte • Tweede Pinksterdag • Pinkstermaandag

2 Tuesday
Dienstag
Mardi
Martedì
Martes
Dinsdag

3 Wednesday
Mittwoch
Mercredi
Mercoledì
Miércoles
Woensdag

4 Thursday
Donnerstag
Jeudi
Giovedì
Jueves
Donderdag

5 Friday
Freitag
Vendredi
Venerdì
Viernes
Vrijdag

6 Saturday
Samstag
Samedi
Sabato
Sábado
Zaterdag

7 Sunday
Sonntag
Dimanche
Domenica
Domingo
Zondag

May 2009

S	M	T	W	T	F	S
					1	2
3	4	5	6	7	8	9
10	11	12	13	14	15	16
17	18	19	20	21	22	23
24	25	26	27	28	29	30
31						

June 2009

S	M	T	W	T	F	S
	1	2	3	4	5	6
7	8	9	10	11	12	13
14	15	16	17	18	19	20
21	22	23	24	25	26	27
28	29	30				

July 2009

S	M	T	W	T	F	S
			1	2	3	4
5	6	7	8	9	10	11
12	13	14	15	16	17	18
19	20	21	22	23	24	25
26	27	28	29	30	31	

Week 23

Juni Junio Giugno Juin Juni **June 2009**

8 Monday / Montag / Lundi / Lunedi / Lunes / Maandag

9 Tuesday / Dienstag / Mardi / Martedi / Martes / Dinsdag

10 Wednesday / Mittwoch / Mercredi / Mercoledi / Miércoles / Woensdag

11 Thursday / Donnerstag / Jeudi / Giovedi / Jueves / Donderdag

Fronleichnam, *Austria, Germany, Switzerland*

12 Friday / Freitag / Vendredi / Venerdi / Viernes / Vrijdag

13 Saturday / Samstag / Samedi / Sabato / Sábado / Zaterdag

14 Sunday / Sonntag / Dimanche / Domenica / Domingo / Zondag

May 2009

S	M	T	W	T	F	S
					1	2
3	4	5	6	7	8	9
10	11	12	13	14	15	16
17	18	19	20	21	22	23
24	25	26	27	28	29	30
31						

June 2009

S	M	T	W	T	F	S
	1	2	3	4	5	6
7	8	9	10	11	12	13
14	15	16	17	18	19	20
21	22	23	24	25	26	27
28	29	30				

July 2009

S	M	T	W	T	F	S
			1	2	3	4
5	6	7	8	9	10	11
12	13	14	15	16	17	18
19	20	21	22	23	24	25
26	27	28	29	30	31	

Week 24

June 2009 Juni Juin Giugno Junio Juni

15 Monday
Montag
Lundi
Lunedì
Lunes
Maandag

16 Tuesday
Dienstag
Mardi
Martedì
Martes
Dinsdag

17 Wednesday
Mittwoch
Mercredi
Mercoledì
Miércoles
Woensdag

18 Thursday
Donnerstag
Jeudi
Giovedì
Jueves
Donderdag

19 Friday
Freitag
Vendredi
Venerdì
Viernes
Vrijdag

20 Saturday
Samstag
Samedi
Sabato
Sábado
Zaterdag

21 Sunday
Sonntag
Dimanche
Domenica
Domingo
Zondag

May 2009

S	M	T	W	T	F	S
					1	2
3	4	5	6	7	8	9
10	11	12	13	14	15	16
17	18	19	20	21	22	23
24	25	26	27	28	29	30
31						

June 2009

S	M	T	W	T	F	S
	1	2	3	4	5	6
7	8	9	10	11	12	13
14	15	16	17	18	19	20
21	22	23	24	25	26	27
28	29	30				

July 2009

S	M	T	W	T	F	S
			1	2	3	4
5	6	7	8	9	10	11
12	13	14	15	16	17	18
19	20	21	22	23	24	25
26	27	28	29	30	31	

Week 25

Father's Day • Fête des Pères • Vaderdag
Summer Solstice • Sommersonnenwende • Solstice d'été (05:45 Universal Time)

On the Beach at Trouville · Am Strand von Trouville · Sur la Plage à Trouville, 1870-71
Oil on canvas/Öl auf Leinwand/Huile sur toile, 38 x 46 cm
Musée Marmottan, Paris. Photo © bridgemanart.com

Juni Junio Giugno Juin Juni June 2009

Monday **22**
Montag
Lundi
Lunedì
Lunes
Maandag

Tuesday **23**
Dienstag
Mardi
Martedì
Martes
Dinsdag

May 2009						
S	M	T	W	T	F	S
					1	2
3	4	5	6	7	8	9
10	11	12	13	14	15	16
17	18	19	20	21	22	23
24	25	26	27	28	29	30
31						

Wednesday **24**
Mittwoch
Mercredi
Mercoledì
Miércoles
Woensdag

St. Jean Baptiste Day, *Canada (Quebec)*

June 2009						
S	M	T	W	T	F	S
	1	2	3	4	5	6
7	8	9	10	11	12	13
14	15	16	17	18	19	20
21	22	23	24	25	26	27
28	29	30				

Thursday **25**
Donnerstag
Jeudi
Giovedì
Jueves
Donderdag

Friday **26**
Freitag
Vendredi
Venerdì
Viernes
Vrijdag

July 2009						
S	M	T	W	T	F	S
			1	2	3	4
5	6	7	8	9	10	11
12	13	14	15	16	17	18
19	20	21	22	23	24	25
26	27	28	29	30	31	

Saturday **27**
Samstag
Samedi
Sabato
Sábado
Zaterdag

Sunday **28**
Sonntag
Dimanche
Domenica
Domingo
Zondag

Week 26

June 2009 Juni Juin Giugno Junio Juni
July 2009 Juli Juillet Luglio Julio Juli

29 Monday
Montag
Lundi
Lunedì
Lunes
Maandag)

June 2009

S	M	T	W	T	F	S
	1	2	3	4	5	6
7	8	9	10	11	12	13
14	15	16	17	18	19	20
21	22	23	24	25	26	27
28	29	30				

30 Tuesday
Dienstag
Mardi
Martedì
Martes
Dinsdag

1 Wednesday
Mittwoch
Mercredi
Mercoledì
Miércoles
Woensdag

Canada Day, *Canada*

July 2009

S	M	T	W	T	F	S
			1	2	3	4
5	6	7	8	9	10	11
12	13	14	15	16	17	18
19	20	21	22	23	24	25
26	27	29	28	30	31	

2 Thursday
Donnerstag
Jeudi
Giovedì
Jueves
Donderdag

3 Friday
Freitag
Vendredi
Venerdì
Viernes
Vrijdag

August 2009

S	M	T	W	T	F	S
						1
2	3	4	5	6	7	8
9	10	11	12	13	14	15
16	17	18	19	20	21	22
23	24	25	26	27	28	29
30	31					

4 Saturday
Samstag
Samedi
Sabato
Sábado
Zaterdag

Independence Day, *USA*

5 Sunday
Sonntag
Dimanche
Domenica
Domingo
Zondag

Week 27

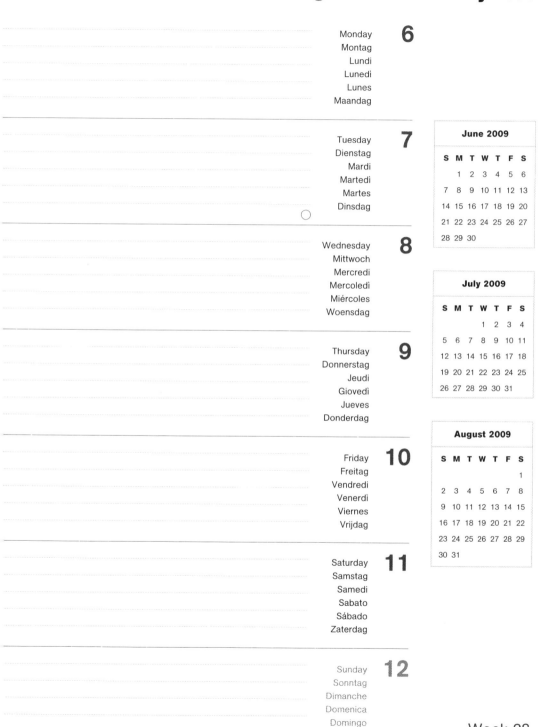

July 2009 Juli Juillet Luglio Julio Juli

13 Monday
Montag
Lundi
Lunedì
Lunes
Maandag

June 2009

S	M	T	W	T	F	S
	1	2	3	4	5	6
7	8	9	10	11	12	13
14	15	16	17	18	19	20
21	22	23	24	25	26	27
28	29	30				

14 Tuesday
Dienstag
Mardi
Martedì
Martes
Dinsdag

Fête Nationale, *France*

July 2009

S	M	T	W	T	F	S
			1	2	3	4
5	6	7	8	9	10	11
12	13	14	15	16	17	18
19	20	21	22	23	24	25
26	27	28	29	30	31	

15 Wednesday
Mittwoch
Mercredi
Mercoledì
Miércoles
Woensdag

☾

16 Thursday
Donnerstag
Jeudi
Giovedì
Jueves
Donderdag

August 2009

S	M	T	W	T	F	S
						1
2	3	4	5	6	7	8
9	10	11	12	13	14	15
16	17	18	19	20	21	22
23	24	25	26	27	28	29
30	31					

17 Friday
Freitag
Vendredi
Venerdì
Viernes
Vrijdag

18 Saturday
Samstag
Samedi
Sabato
Sábado
Zaterdag

19 Sunday
Sonntag
Dimanche
Domenica
Domingo
Zondag

Week 29

At the Parc Monceau · Im Park Monceau · Au Parc Monceau, 1878
Oil on canvas/Öl auf Leinwand/Huile sur toile, 65 x 54 cm
Photo © akg-images

Juli Julio Luglio Juillet Juli July 2009

Monday 20
Montag
Lundi
Lunedi
Lunes
Maandag

Tuesday 21
Dienstag
Mardi
Martedi
Martes
Dinsdag

Nationale Feestdag, Belgium

Wednesday 22
Mittwoch
Mercredi
Mercoledi
Miércoles
Woensdag

Thursday 23
Donnerstag
Jeudi
Giovedi
Jueves
Donderdag

Friday 24
Freitag
Vendredi
Venerdi
Viernes
Vrijdag

Saturday 25
Samstag
Samedi
Sabato
Sábado
Zaterdag

Sunday 26
Sonntag
Dimanche
Domenica
Domingo
Zondag

June 2009

S	M	T	W	T	F	S
	1	2	3	4	5	6
7	8	9	10	11	12	13
14	15	16	17	18	19	20
21	22	23	24	25	26	27
28	29	30				

July 2009

S	M	T	W	T	F	S
			1	2	3	4
5	6	7	8	9	10	11
12	13	14	15	16	17	18
19	20	21	22	23	24	25
26	27	28	29	30	31	

August 2009

S	M	T	W	T	F	S
						1
2	3	4	5	6	7	8
9	10	11	12	13	14	15
16	17	18	19	20	21	22
23	24	25	26	27	28	29
30	31					

Week 30

July 2009 Juli Juillet Luglio Julio Juli
August 2009 August Août Agosto Agosto Augustus

27 Monday
Montag
Lundi
Lunedì
Lunes
Maandag

July 2009

S	M	T	W	T	F	S
			1	2	3	4
5	6	7	8	9	10	11
12	13	14	15	16	17	18
19	20	21	22	23	24	25
26	27	28	29	30	31	

28 Tuesday
Dienstag
Mardi
Martedì
Martes
Dinsdag ☽

August 2009

S	M	T	W	T	F	S
						1
2	3	4	5	6	7	8
9	10	11	12	13	14	15
16	17	18	19	20	21	22
23	24	25	26	27	28	29
30	31					

29 Wednesday
Mittwoch
Mercredi
Mercoledì
Miércoles
Woensdag

30 Thursday
Donnerstag
Jeudi
Giovedì
Jueves
Donderdag

September 2009

S	M	T	W	T	F	S
		1	2	3	4	5
6	7	8	9	10	11	12
13	14	15	16	17	18	19
20	21	22	23	24	25	26
27	28	29	30			

31 Friday
Freitag
Vendredi
Venerdì
Viernes
Vrijdag

1 Saturday
Samstag
Samedi
Sabato
Sábado
Zaterdag

Nationalfeiertag, *Switzerland*

2 Sunday
Sonntag
Dimanche
Domenica
Domingo
Zondag

Week 31

Augustus Agosto Agosto Août August **August 2009**

Monday **3**
Montag
Lundi
Lunedì
Lunes
Maandag

Summer Bank Holiday, *Rep. of Ireland, Scotland*

Tuesday **4**
Dienstag
Mardi
Martedì
Martes
Dinsdag

Wednesday **5**
Mittwoch
Mercredi
Mercoledi
Miércoles
Woensdag

Thursday **6**
Donnerstag
Jeudi
Giovedì
Jueves
Donderdag

Friday **7**
Freitag
Vendredi
Venerdì
Viernes
Vrijdag

Saturday **8**
Samstag
Samedi
Sabato
Sábado
Zaterdag

Sunday **9**
Sonntag
Dimanche
Domenica
Domingo
Zondag

July 2009						
S	M	T	W	T	F	S
			1	2	3	4
5	6	7	8	9	10	11
12	13	14	15	16	17	18
19	20	21	22	23	24	25
26	27	28	29	30	31	

August 2009						
S	M	T	W	T	F	S
						1
2	3	4	5	6	7	8
9	10	11	12	13	14	15
16	17	18	19	20	21	22
23	24	25	26	27	28	29
30	31					

September 2009						
S	M	T	W	T	F	S
		1	2	3	4	5
6	7	8	9	10	11	12
13	14	15	16	17	18	19
20	21	22	23	24	25	26
27	28	29	30			

Week 32

August 2009 August Août Agosto Agosto Augustus

10 Monday
Montag
Lundi
Lunedì
Lunes
Maandag

July 2009

S	M	T	W	T	F	S
			1	2	3	4
5	6	7	8	9	10	11
12	13	14	15	16	17	18
19	20	21	22	23	24	25
26	27	28	29	30	31	

11 Tuesday
Dienstag
Mardi
Martedì
Martes
Dinsdag

August 2009

S	M	T	W	T	F	S
						1
2	3	4	5	6	7	8
9	10	11	12	13	14	15
16	17	18	19	20	21	22
23	24	25	26	27	28	29
30	31					

12 Wednesday
Mittwoch
Mercredi
Mercoledì
Miércoles
Woensdag

13 Thursday
Donnerstag
Jeudi
Giovedì
Jueves
Donderdag

September 2009

S	M	T	W	T	F	S
		1	2	3	4	5
6	7	8	9	10	11	12
13	14	15	16	17	18	19
20	21	22	23	24	25	26
27	28	29	30			

14 Friday
Freitag
Vendredi
Venerdì
Viernes
Vrijdag

15 Saturday
Samstag
Samedi
Sabato
Sábado
Zaterdag

Feast of the Assumption • Mariä Himmelfahrt • Assomption • Maria ten hemelopneming • Onze Lieve Vrouw – Hemelvaart

16 Sunday
Sonntag
Dimanche
Domenica
Domingo
Zondag

Week 33

Waterlilies · Seerosen · Nymphéas, 1915
Oil on canvas/Öl auf Leinwand/Huile sur toile, 130 x 153 cm
Musée Marmottan, Paris. Photo © bridgemanart.com

Augustus Agosto Agosto Août August **August 2009**

Monday **17**
Montag
Lundi
Lunedì
Lunes
Maandag

Tuesday **18**
Dienstag
Mardi
Martedì
Martes
Dinsdag

July 2009						
S	M	T	W	T	F	S
			1	2	3	4
5	6	7	8	9	10	11
12	13	14	15	16	17	18
19	20	21	22	23	24	25
26	27	28	29	30	31	

Wednesday **19**
Mittwoch
Mercredi
Mercoledì
Miércoles
Woensdag

August 2009						
S	M	T	W	T	F	S
						1
2	3	4	5	6	7	8
9	10	11	12	13	14	15
16	17	18	19	20	21	22
23	24	25	26	27	28	29
30	31					

Thursday **20**
Donnerstag
Jeudi
Giovedì
Jueves
Donderdag

Friday **21**
Freitag
Vendredi
Venerdì
Viernes
Vrijdag

September 2009						
S	M	T	W	T	F	S
		1	2	3	4	5
6	7	8	9	10	11	12
13	14	15	16	17	18	19
20	21	22	23	24	25	26
27	28	29	30			

Saturday **22**
Samstag
Samedi
Sabato
Sábado
Zaterdag

Sunday **23**
Sonntag
Dimanche
Domenica
Domingo
Zondag

Week 34

August 2009 August Août Agosto Agosto Augustus

24 Monday
Montag
Lundi
Lunedi
Lunes
Maandag

25 Tuesday
Dienstag
Mardi
Martedì
Martes
Dinsdag

July 2009

S	M	T	W	T	F	S
			1	2	3	4
5	6	7	8	9	10	11
12	13	14	15	16	17	18
19	20	21	22	23	24	25
26	27	28	29	30	31	

26 Wednesday
Mittwoch
Mercredi
Mercoledì
Miércoles
Woensdag

27 Thursday
Donnerstag
Jeudi
Giovedì
Jueves
Donderdag
))

August 2009

S	M	T	W	T	F	S
						1
2	3	4	5	6	7	8
9	10	11	12	13	14	15
16	17	18	19	20	21	22
23	24	25	26	27	28	29
30	31					

28 Friday
Freitag
Vendredi
Venerdì
Viernes
Vrijdag

29 Saturday
Samstag
Samedi
Sabato
Sábado
Zaterdag

September 2009

S	M	T	W	T	F	S
		1	2	3	4	5
6	7	8	9	10	11	12
13	14	15	16	17	18	19
20	21	22	23	24	25	26
27	28	29	30			

30 Sunday
Sonntag
Dimanche
Domenica
Domingo
Zondag

Week 35

Augustus Agosto Agosto Août August **August 2009**
September Septiembre Settembre Septembre September **September 2009**

Monday **31**
Montag
Lundi
Lunedì
Lunes
Maandag

Summer Bank Holiday, *UK (except Scotland)*

Tuesday **1**
Dienstag
Mardi
Martedì
Martes
Dinsdag

Wednesday **2**
Mittwoch
Mercredi
Mercoledì
Miércoles
Woensdag

Thursday **3**
Donnerstag
Jeudi
Giovedì
Jueves
Donderdag

Friday **4**
Freitag
Vendredi
Venerdì
Viernes
Vrijdag

Saturday **5**
Samstag
Samedi
Sabato
Sábado
Zaterdag

Sunday **6**
Sonntag
Dimanche
Domenica
Domingo
Zondag

August 2009						
S	M	T	W	T	F	S
						1
2	3	4	5	6	7	8
9	10	11	12	13	14	15
16	17	18	19	20	21	22
23	24	25	26	27	28	29
30	31					

September 2009						
S	M	T	W	T	F	S
		1	2	3	4	5
6	7	8	9	10	11	12
13	14	15	16	17	18	19
20	21	22	23	24	25	26
27	28	29	30			

October 2009						
S	M	T	W	T	F	S
				1	2	3
4	5	6	7	8	9	10
11	12	13	14	15	16	17
18	19	20	21	22	23	24
25	26	27	28	29	30	31

Week 36

September 2009 September Septembre Settembre Septiembre September

7 Monday
Montag
Lundi
Lunedì
Lunes
Maandag   Labor Day, *USA*
Labour Day, *Canada*

August 2009

S	M	T	W	T	F	S
						1
2	3	4	5	6	7	8
9	10	11	12	13	14	15
16	17	18	19	20	21	22
23	24	25	26	27	28	29
30	31					

8 Tuesday
Dienstag
Mardi
Martedì
Martes
Dinsdag

9 Wednesday
Mittwoch
Mercredi
Mercoledì
Miércoles
Woensdag

September 2009

S	M	T	W	T	F	S
		1	2	3	4	5
6	7	8	9	10	11	12
13	14	15	16	17	18	19
20	21	22	23	24	25	26
27	28	29	30			

10 Thursday
Donnerstag
Jeudi
Giovedì
Jueves
Donderdag

11 Friday
Freitag
Vendredi
Venerdì
Viernes
Vrijdag

October 2009

S	M	T	W	T	F	S
				1	2	3
4	5	6	7	8	9	10
11	12	13	14	15	16	17
18	19	20	21	22	23	24
25	26	27	28	29	30	31

12 Saturday
Samstag
Samedi
Sabato
Sábado
Zaterdag   ☽

13 Sunday
Sonntag
Dimanche
Domenica
Domingo
Zondag

Week 37

Bordighera, 1884
Oil on canvas/Öl auf Leinwand/Huile sur toile, 65 x 81 cm
Potter Palmer Collection. Art Institute, Chicago. Photo © akg-images/Erich Lessing

September Septiembre Settembre Septembre September **September 2009**

Monday **14**
Montag
Lundi
Lunedì
Lunes
Maandag

Tuesday **15**
Dienstag
Mardi
Martedì
Martes
Dinsdag

August 2009						
S	M	T	W	T	F	S
						1
2	3	4	5	6	7	8
9	10	11	12	13	14	15
16	17	18	19	20	21	22
23	24	25	26	27	28	29
30	31					

Wednesday **16**
Mittwoch
Mercredi
Mercoledì
Miércoles
Woensdag

September 2009						
S	M	T	W	T	F	S
		1	2	3	4	5
6	7	8	9	10	11	12
13	14	15	16	17	18	19
20	21	22	23	24	25	26
27	28	29	30			

Thursday **17**
Donnerstag
Jeudi
Giovedì
Jueves
Donderdag

Friday **18**
Freitag
Vendredi
Venerdì
Viernes
Vrijdag

Rosh Hashanah • Roch Hachana (begins at sundown)

October 2009						
S	M	T	W	T	F	S
				1	2	3
4	5	6	7	8	9	10
11	12	13	14	15	16	17
18	19	20	21	22	23	24
25	26	27	28	29	30	31

Saturday **19**
Samstag
Samedi
Sabato
Sábado
Zaterdag

Sunday **20**
Sonntag
Dimanche
Domenica
Domingo
Zondag

Week 38

September 2009 September Septembre Settembre Septiembre September

21 Monday
Montag
Lundi
Lunedì
Lunes
Maandag
U.N. International Day of Peace

22 Tuesday
Dienstag
Mardi
Martedì
Martes
Dinsdag
Autumnal Equinox • Herbst-Tagundnachtgleiche • Automne (21:18 Universal Time)

23 Wednesday
Mittwoch
Mercredi
Mercoledì
Miércoles
Woensdag

24 Thursday
Donnerstag
Jeudi
Giovedì
Jueves
Donderdag

25 Friday
Freitag
Vendredi
Venerdì
Viernes
Vrijdag

26 Saturday
Samstag
Samedi
Sabato
Sábado
Zaterdag

27 Sunday
Sonntag
Dimanche
Domenica
Domingo
Zondag
Yom Kippur • Yom Kippour (begins at sundown)

August 2009

S	M	T	W	T	F	S
						1
2	3	4	5	6	7	8
9	10	11	12	13	14	15
16	17	18	19	20	21	22
23	24	25	26	27	28	29
30	31					

September 2009

S	M	T	W	T	F	S
		1	2	3	4	5
6	7	8	9	10	11	12
13	14	15	16	17	18	19
20	21	22	23	24	25	26
27	28	29	30			

October 2009

S	M	T	W	T	F	S
				1	2	3
4	5	6	7	8	9	10
11	12	13	14	15	16	17
18	19	20	21	22	23	24
25	26	27	28	29	30	31

Week 39

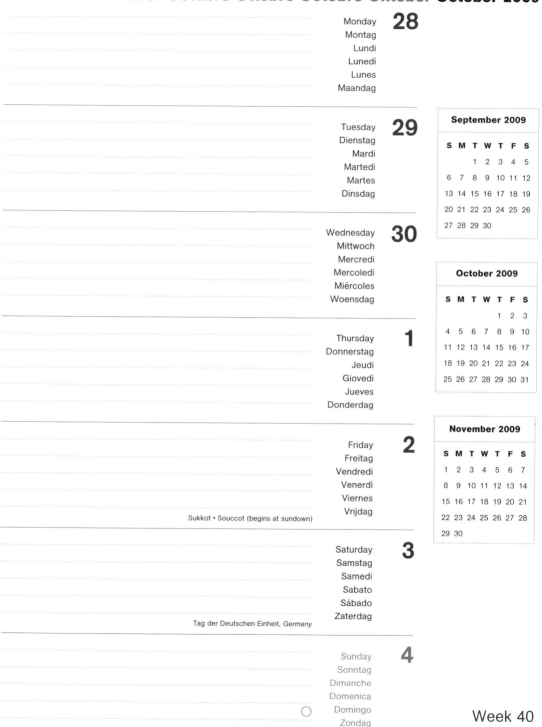

October 2009 Oktober Octobre Ottobre Octubre Oktober

5 Monday
Montag
Lundi
Lunedì
Lunes
Maandag

September 2009

S	M	T	W	T	F	S
		1	2	3	4	5
6	7	8	9	10	11	12
13	14	15	16	17	18	19
20	21	22	23	24	25	26
27	28	29	30			

6 Tuesday
Dienstag
Mardi
Martedì
Martes
Dinsdag

7 Wednesday
Mittwoch
Mercredi
Mercoledì
Miércoles
Woensdag

October 2009

S	M	T	W	T	F	S
				1	2	3
4	5	6	7	8	9	10
11	12	13	14	15	16	17
18	19	20	21	22	23	24
25	26	27	28	29	30	31

8 Thursday
Donnerstag
Jeudi
Giovedì
Jueves
Donderdag

9 Friday
Freitag
Vendredi
Venerdì
Viernes
Vrijdag

Shemini Atzeret (begins at sundown)

November 2009

S	M	T	W	T	F	S
1	2	3	4	5	6	7
8	9	10	11	12	13	14
15	16	17	18	19	20	21
22	23	24	25	26	27	28
29	30					

10 Saturday
Samstag
Samedi
Sabato
Sábado
Zaterdag

11 Sunday
Sonntag
Dimanche
Domenica
Domingo
Zondag

Week 41

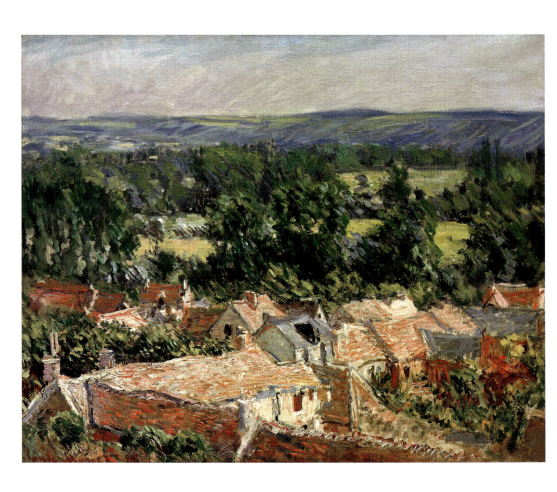

View of the Village of Giverny · Blick auf das Dorf Giverny · Vue du village de Giverny, 1886
Oil on canvas/Öl auf Leinwand/Huile sur toile, 65 x 81 cm
Museum of Art, New Orleans. Photo © akg-images

Oktober Octubre Ottobre Octobre Oktober October 2009

Monday **12**
Montag
Lundi
Lunedi
Lunes
Maandag

Columbus Day, *USA*
Thanksgiving Day, *Canada*

Tuesday **13**
Dienstag
Mardi
Martedi
Martes
Dinsdag

Wednesday **14**
Mittwoch
Mercredi
Mercoledi
Miércoles
Woensdag

Thursday **15**
Donnerstag
Jeudi
Giovedi
Jueves
Donderdag

Friday **16**
Freitag
Vendredi
Venerdi
Viernes
Vrijdag

Saturday **17**
Samstag
Samedi
Sabato
Sábado
Zaterdag

Sunday **18**
Sonntag
Dimanche
Domenica
Domingo
Zondag

September 2009

S	M	T	W	T	F	S
		1	2	3	4	5
6	7	8	9	10	11	12
13	14	15	16	17	18	19
20	21	22	23	24	25	26
27	28	29	30			

October 2009

S	M	T	W	T	F	S
				1	2	3
4	5	6	7	8	9	10
11	12	13	14	15	16	17
18	19	20	21	22	23	24
25	26	27	28	29	30	31

November 2009

S	M	T	W	T	F	S
1	2	3	4	5	6	7
8	9	10	11	12	13	14
15	16	17	18	19	20	21
22	23	24	25	26	27	28
29	30					

Week 42

October 2009 Oktober Octobre Ottobre Octubre Oktober

19 Monday
Montag
Lundi
Lunedì
Lunes
Maandag

20 Tuesday
Dienstag
Mardi
Martedì
Martes
Dinsdag

21 Wednesday
Mittwoch
Mercredi
Mercoledì
Miércoles
Woensdag

22 Thursday
Donnerstag
Jeudi
Giovedì
Jueves
Donderdag

23 Friday
Freitag
Vendredi
Venerdì
Viernes
Vrijdag

24 Saturday
Samstag
Samedi
Sabato
Sábado
Zaterdag

25 Sunday
Sonntag
Dimanche
Domenica
Domingo
Zondag

Clocks back one hour, *UK*

Einde Zomertijd, *Belgium, Netherlands*
Ende der Sommerzeit, *Austria, Germany, Switzerland*

September 2009

S	M	T	W	T	F	S
		1	2	3	4	5
6	7	8	9	10	11	12
13	14	15	16	17	18	19
20	21	22	23	24	25	26
27	28	29	30			

October 2009

S	M	T	W	T	F	S
				1	2	3
4	5	6	7	8	9	10
11	12	13	14	15	16	17
18	19	20	21	22	23	24
25	26	27	28	29	30	31

November 2009

S	M	T	W	T	F	S
1	2	3	4	5	6	7
8	9	10	11	12	13	14
15	16	17	18	19	20	21
22	23	24	25	26	27	28
29	30					

Week 43

Oktober Octubre Ottobre Octobre Oktober **October 2009**
November Noviembre Novembre Novembre November **November 2009**

Monday / Montag / Lundi / Lunedi / Lunes / Maandag ☽ *Bank Holiday, Rep. of Ireland* / *Nationalfeiertag, Austria*	**26**
Tuesday / Dienstag / Mardi / Martedi / Martes / Dinsdag	**27**
Wednesday / Mittwoch / Mercredi / Mercoledi / Miércoles / Woensdag	**28**
Thursday / Donnerstag / Jeudi / Giovedi / Jueves / Donderdag	**29**
Friday / Freitag / Vendredi / Venerdi / Viernes / Vrijdag	**30**
Saturday / Samstag / Samedi / Sabato / Sábado / Zaterdag *Reformationstag, Germany* / *Halloween, USA*	**31**
Sunday / Sonntag / Dimanche / Domenica / Domingo / Zondag *All Saints' Day • Allerheiligen • Toussaint* / *Daylight Saving Time ends, USA, Canada*	**1**

October 2009

S	M	T	W	T	F	S
				1	2	3
4	5	6	7	8	9	10
11	12	13	14	15	16	17
18	19	20	21	22	23	24
25	26	27	28	29	30	31

November 2009

S	M	T	W	T	F	S
1	2	3	4	5	6	7
8	9	10	11	12	13	14
15	16	17	18	19	20	21
22	23	24	25	26	27	28
29	30					

December 2009

S	M	T	W	T	F	S
		1	2	3	4	5
6	7	8	9	10	11	12
13	14	15	16	17	18	19
20	21	22	23	24	25	26
27	28	29	30	31		

Week 44

November 2009 November Novembre Novembre Noviembre November

2 Monday
Montag
Lundi
Lunedì
Lunes
Maandag

Allerzielen, Belgium, Netherlands

3 Tuesday
Dienstag
Mardi
Martedì
Martes
Dinsdag

4 Wednesday
Mittwoch
Mercredi
Mercoledì
Miércoles
Woensdag

5 Thursday
Donnerstag
Jeudi
Giovedì
Jueves
Donderdag

6 Friday
Freitag
Vendredi
Venerdì
Viernes
Vrijdag

7 Saturday
Samstag
Samedi
Sabato
Sábado
Zaterdag

8 Sunday
Sonntag
Dimanche
Domenica
Domingo
Zondag

October 2009

S	M	T	W	T	F	S
				1	2	3
4	5	6	7	8	9	10
11	12	13	14	15	16	17
18	19	20	21	22	23	24
25	26	27	28	29	30	31

November 2009

S	M	T	W	T	F	S
1	2	3	4	5	6	7
8	9	10	11	12	13	14
15	16	17	18	19	20	21
22	23	24	25	26	27	28
29	30					

December 2009

S	M	T	W	T	F	S
		1	2	3	4	5
6	7	8	9	10	11	12
13	14	15	16	17	18	19
20	21	22	23	24	25	26
27	28	29	30	31		

Week 45

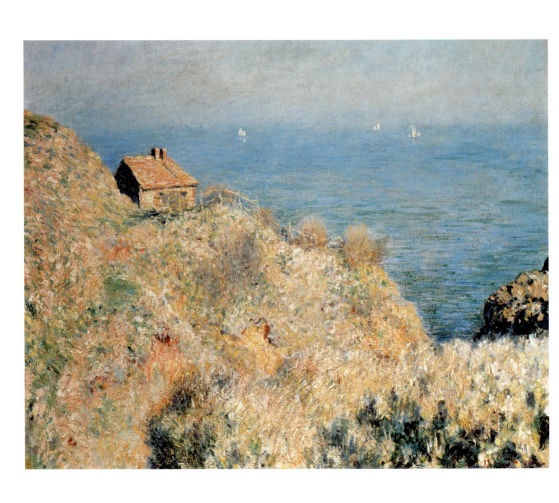

*The Fisherman's House at Varengeville · Das Haus des Fischers in Varengeville ·
La Maison du pêcheur, Varengeville*, 1882. Oil on canvas/Öl auf Leinwand/Huile sur toile, 60 x 78 cm
Museum Boymans-van Beuningen, Rotterdam. Photo © akg-images

November Noviembre Novembre Novembre November November 2009

Monday **9**
Montag
Lundi
Lunedì
Lunes
Maandag

☾

Tuesday **10**
Dienstag
Mardi
Martedì
Martes
Dinsdag

October 2009						
S	**M**	**T**	**W**	**T**	**F**	**S**
				1	2	3
4	5	6	7	8	9	10
11	12	13	14	15	16	17
18	19	20	21	22	23	24
25	26	27	28	29	30	31

Wednesday **11**
Mittwoch
Mercredi
Mercoledì
Armistice de 1918, *France* Miércoles
Remembrance Day, *Canada*
Veterans' Day, *USA* Woensdag
Wapenstilstand 1918, *Belgium*

November 2009						
S	**M**	**T**	**W**	**T**	**F**	**S**
1	2	3	4	5	6	7
8	9	10	11	12	13	14
15	16	17	18	19	20	21
22	23	24	25	26	27	28
29	30					

Thursday **12**
Donnerstag
Jeudi
Giovedì
Jueves
Donderdag

Friday **13**
Freitag
Vendredi
Venerdì
Viernes
Vrijdag

December 2009						
S	**M**	**T**	**W**	**T**	**F**	**S**
		1	2	3	4	5
6	7	8	9	10	11	12
13	14	15	16	17	18	19
20	21	22	23	24	25	26
27	28	29	30	31		

Saturday **14**
Samstag
Samedi
Sabato
Sábado
Zaterdag

Sunday **15**
Sonntag
Dimanche
Domenica
Domingo
Zondag

Volkstrauertag, *Germany*

Week 46

November 2009 November Novembre Novembre Noviembre November

16 Monday
Montag
Lundi
Lunedì
Lunes
Maandag

17 Tuesday
Dienstag
Mardi
Martedì
Martes
Dinsdag

18 Wednesday
Mittwoch
Mercredi
Mercoledì
Miércoles
Woensdag

Buß- und Bettag, *Germany*

19 Thursday
Donnerstag
Jeudi
Giovedì
Jueves
Donderdag

20 Friday
Freitag
Vendredi
Venerdì
Viernes
Vrijdag

21 Saturday
Samstag
Samedi
Sabato
Sábado
Zaterdag

22 Sunday
Sonntag
Dimanche
Domenica
Domingo
Zondag

Totensonntag, *Germany*

October 2009

S	M	T	W	T	F	S
				1	2	3
4	5	6	7	8	9	10
11	12	13	14	15	16	17
18	19	20	21	22	23	24
25	26	27	28	29	30	31

November 2009

S	M	T	W	T	F	S
1	2	3	4	5	6	7
8	9	10	11	12	13	14
15	16	17	18	19	20	21
22	23	24	25	26	27	28
29	30					

December 2009

S	M	T	W	T	F	S
		1	2	3	4	5
6	7	8	9	10	11	12
13	14	15	16	17	18	19
20	21	22	23	24	25	26
27	28	29	30	31		

Week 47

November Noviembre Novembre Novembre November November 2009

Monday Montag Lundi Lunedì Lunes Maandag	**23**

Tuesday Dienstag Mardi Martedì Martes Dinsdag	**24**

)

October 2009

S	M	T	W	T	F	S
				1	2	3
4	5	6	7	8	9	10
11	12	13	14	15	16	17
18	19	20	21	22	23	24
25	26	27	28	29	30	31

Wednesday Mittwoch Mercredi Mercoledì Miércoles Woensdag	**25**

November 2009

S	M	T	W	T	F	S
1	2	3	4	5	6	7
8	9	10	11	12	13	14
15	16	17	18	19	20	21
22	23	24	25	26	27	28
29	30					

Thursday Donnerstag Jeudi Giovedì Jueves Donderdag	**26**

Thanksgiving Day, *USA*

December 2009

S	M	T	W	T	F	S
		1	2	3	4	5
6	7	8	9	10	11	12
13	14	15	16	17	18	19
20	21	22	23	24	25	26
27	28	29	30	31		

Friday Freitag Vendredi Venerdì Viernes Vrijdag	**27**

Saturday Samstag Samedi Sabato Sábado Zaterdag	**28**

Sunday Sonntag Dimanche Domenica Domingo Zondag	**29**

Week 48

November 2009 November Novembre Novembre Noviembre November
December 2009 Dezember Décembre Dicembre Diciembre December

30 Monday
Montag
Lundi
Lunedì
Lunes
Maandag

St. Andrew's Day, *Scotland*

November 2009

S	M	T	W	T	F	S
1	2	3	4	5	6	7
8	9	10	11	12	13	14
15	16	17	18	19	20	21
22	23	24	25	26	27	28
29	30					

1 Tuesday
Dienstag
Mardi
Martedì
Martes
Dinsdag

2 Wednesday
Mittwoch
Mercredi
Mercoledì
Miércoles
Woensdag

December 2009

S	M	T	W	T	F	S
		1	2	3	4	5
6	7	8	9	10	11	12
13	14	15	16	17	18	19
20	21	22	23	24	25	26
27	28	29	30	31		

3 Thursday
Donnerstag
Jeudi
Giovedì
Jueves
Donderdag

4 Friday
Freitag
Vendredi
Venerdì
Viernes
Vrijdag

January 2010

S	M	T	W	T	F	S
					1	2
3	4	5	6	7	8	9
10	11	12	13	14	15	16
17	18	19	20	21	22	23
24	25	26	27	28	29	30
31						

5 Saturday
Samstag
Samedi
Sabato
Sábado
Zaterdag

Sinterklaasavond, *Netherlands*

6 Sunday
Sonntag
Dimanche
Domenica
Domingo
Zondag

Week 49

Saint-Nicolas, *France*
Sint-Nicolaas, *Netherlands*

The Train Engine in the Snow · Die Eisenbahn im Schnee, Lokomotive ·
Le train dans la neige, la locomotive, 1875. Oil on canvas/Öl auf Leinwand/Huile sur toile, 59 x 78 cm
Musée Marmottan, Paris. Photo © akg-images

December Diciembre Dicembre Décembre Dezember December 2009

Monday **7**
Montag
Lundi
Lunedì
Lunes
Maandag

Tuesday **8**
Dienstag
Mardi
Martedì
Martes
Dinsdag

Immaculate Conception • Mariä Empfängnis • Immaculée Conception • Maria onbevlekt ontvangen

Wednesday **9**
Mittwoch
Mercredi
Mercoledì
Miércoles
Woensdag

☾

Thursday **10**
Donnerstag
Jeudi
Giovedì
Jueves
Donderdag

Friday **11**
Freitag
Vendredi
Venerdì
Viernes
Vrijdag

Hanukkah • Hannoucah (begins at sundown)

Saturday **12**
Samstag
Samedi
Sabato
Sábado
Zaterdag

Sunday **13**
Sonntag
Dimanche
Domenica
Domingo
Zondag

November 2009

S	M	T	W	T	F	S
1	2	3	4	5	6	7
8	9	10	11	12	13	14
15	16	17	18	19	20	21
22	23	24	25	26	27	28
29	30					

December 2009

S	M	T	W	T	F	S
		1	2	3	4	5
6	7	8	9	10	11	12
13	14	15	16	17	18	19
20	21	22	23	24	25	26
27	28	29	30	31		

January 2010

S	M	T	W	T	F	S
					1	2
3	4	5	6	7	8	9
10	11	12	13	14	15	16
17	18	19	20	21	22	23
24	25	26	27	28	29	30
31						

Week 50

December 2009 Dezember Décembre Dicembre Diciembre December

14 Monday
Montag
Lundi
Lunedì
Lunes
Maandag

15 Tuesday
Dienstag
Mardi
Martedì
Martes
Dinsdag

16 Wednesday
Mittwoch
Mercredi
Mercoledì
Miércoles
Woensdag

17 Thursday
Donnerstag
Jeudi
Giovedì
Jueves
Donderdag

18 Friday
Freitag
Vendredi
Venerdì
Viernes
Vrijdag

19 Saturday
Samstag
Samedi
Sabato
Sábado
Zaterdag

20 Sunday
Sonntag
Dimanche
Domenica
Domingo
Zondag

November 2009

S	M	T	W	T	F	S
1	2	3	4	5	6	7
8	9	10	11	12	13	14
15	16	17	18	19	20	21
22	23	24	25	26	27	28
29	30					

December 2009

S	M	T	W	T	F	S
		1	2	3	4	5
6	7	8	9	10	11	12
13	14	15	16	17	18	19
20	21	22	23	24	25	26
27	28	29	30	31		

January 2010

S	M	T	W	T	F	S
					1	2
3	4	5	6	7	8	9
10	11	12	13	14	15	16
17	18	19	20	21	22	23
24	25	26	27	28	29	30
31						

Week 51

December 2009 Dezember Décembre Dicembre Diciembre December
January 2010 Januar Janvier Gennaio Enero Januari

28 Monday
Montag
Lundi
Lunedì
Lunes
Maandag

December 2009

S	M	T	W	T	F	S
		1	2	3	4	5
6	7	8	9	10	11	12
13	14	15	16	17	18	19
20	21	22	23	24	25	26
27	28	29	30	31		

29 Tuesday
Dienstag
Mardi
Martedì
Martes
Dinsdag

30 Wednesday
Mittwoch
Mercredi
Mercoledì
Miércoles
Woensdag

January 2010

S	M	T	W	T	F	S
					1	2
3	4	5	6	7	8	9
10	11	12	13	14	15	16
17	18	19	20	21	22	23
24	25	26	27	28	29	30
31						

31 Thursday
Donnerstag
Jeudi
Giovedì
Jueves ○
Donderdag

New Year's Eve • Silvester • Saint-Sylvestre • Oudejaarsdag • Oudejaarsavond

February 2010

S	M	T	W	T	F	S
	1	2	3	4	5	6
7	8	9	10	11	12	13
14	15	16	17	18	19	20
21	22	23	24	25	26	27
28						

1 Friday
Freitag
Vendredi
Venerdì
Viernes
Vrijdag

Kwanzaa ends, *USA*
New Year's Day • Neujahr • Nouvel An • Nieuwjaar

2 Saturday
Samstag
Samedi
Sabato
Sábado
Zaterdag

Berchtoldstag, *Switzerland*

3 Sunday
Sonntag
Dimanche
Domenica
Domingo
Zondag

Week 53

Januari Enero Gennaio Janvier Januar January 2010

Monday **4**
Montag
Lundi
Lunedì
Lunes
Maandag

Tuesday **5**
Dienstag
Mardi
Martedì
Martes
Dinsdag

December 2009						
S	M	T	W	T	F	S
		1	2	3	4	5
6	7	8	9	10	11	12
13	14	15	16	17	18	19
20	21	22	23	24	25	26
27	28	29	30	31		

Wednesday **6**
Mittwoch
Mercredi
Mercoledì
Miércoles
Woensdag

Epiphany • Heilige Drei Könige • Epiphanie • Driekoningen

January 2010						
S	M	T	W	T	F	S
					1	2
3	4	5	6	7	8	9
10	11	12	13	14	15	16
17	18	19	20	21	22	23
24	25	26	27	28	29	30
31						

Thursday **7**
Donnerstag
Jeudi
Giovedì
Jueves
Donderdag

☾

Friday **8**
Freitag
Vendredi
Venerdì
Viernes
Vrijdag

February 2010						
S	M	T	W	T	F	S
	1	2	3	4	5	6
7	8	9	10	11	12	13
14	15	16	17	18	19	20
21	22	23	24	25	26	27
28						

Saturday **9**
Samstag
Samedi
Sabato
Sábado
Zaterdag

Sunday **10**
Sonntag
Dimanche
Domenica
Domingo
Zondag

Week 1

January 2010 Januar Janvier Gennaio Enero Januari

1 F	**17 S**
2 S	18 M Week 3
3 S	19 T
4 M Week 1	20 W
5 T	21 T
6 W	22 F
7 T	23 S
8 F	**24 S**
9 S	25 M Week 4
10 S	26 T
11 M Week 2	27 W
12 T	28 T
13 W	29 F
14 T	30 S
15 F	**31 S**
16 S	

February 2010 Februar Février Febbraio Febrero Februari

1 M Week 5	17 W
2 T	18 T
3 W	19 F
4 T	20 S
5 F	**21 S**
6 S	22 M Week 8
7 S	23 T
8 M Week 6	24 W
9 T	25 T
10 W	26 F
11 T	27 S
12 F	**28 S**
13 S	
14 S	
15 M Week 7	
16 T	

Maart Marzo Marzo Mars März **March 2010**

1 M	Week 9		17 W	
2 T			18 T	
3 W			19 F	
4 T			20 S	
5 F			**21 S**	
6 S			22 M	Week 12
7 S			23 T	
8 M	Week 10		24 W	
9 T			25 T	
10 W			26 F	
11 T			27 S	
12 F			**28 S**	
13 S			29 M	Week 13
14 S			30 T	
15 M	Week 11		31 W	
16 T				

April Abril Aprile Avril April **April 2010**

1 T			17 S	
2 F			**18 S**	
3 S			19 M	Week 16
4 S			20 T	
5 M	Week 14		21 W	
6 T			22 T	
7 W			23 F	
8 T			24 S	
9 F			**25 S**	
10 S			26 M	Week 17
11 S			27 T	
12 M	Week 15		28 W	
13 T			29 T	
14 W			30 F	
15 T				
16 F				

May 2010 Mai Mai Maggio Mayo Mei

1 S			17 M	Week 20	
2 S			18 T		
3 M	Week 18		19 W		
4 T			20 T		
5 W			21 F		
6 T			22 S		
7 F			**23 S**		
8 S			24 M	Week 21	
9 S			25 T		
10 M	Week 19		26 W		
11 T			27 T		
12 W			28 F		
13 T			29 S		
14 F			**30 S**		
15 S			31 M	Week 22	
16 S					

June 2010 Juni Juin Giugno Junio Juni

1 T			17 T		
2 W			18 F		
3 T			19 S		
4 F			**20 S**		
5 S			21 M	Week 25	
6 S			22 T		
7 M	Week 23		23 W		
8 T			24 T		
9 W			25 F		
10 T			26 S		
11 F			**27 S**		
12 S			28 M	Week 26	
13 S			29 T		
14 M	Week 24		30 W		
15 T					
16 W					

Juli Julio Luglio Juillet Juli **July 2010**

1 T		17 S		
2 F		**18 S**		
3 S		19 M	Week 29	
4 S		20 T		
5 M	Week 27	21 W		
6 T		22 T		
7 W		23 F		
8 T		24 S		
9 F		**25 S**		
10 S		26 M	Week 30	
11 S		27 T		
12 M	Week 28	28 W		
13 T		29 T		
14 W		30 F		
15 T		31 S		
16 F				

Augustus Agosto Agosto Août August **August 2010**

1 S		17 T		
2 M	Week 31	18 W		
3 T		19 T		
4 W		20 F		
5 T		21 S		
6 F		**22 S**		
7 S		23 M	Week 34	
8 S		24 T		
9 M	Week 32	25 W		
10 T		26 T		
11 W		27 F		
12 T		28 S		
13 F		**29 S**		
14 S		30 M	Week 35	
15 S		31 T		
16 M	Week 33			

September 2010 September Septembre Settembre Septiembre September

1 W		17 F	
2 T		18 S	
3 F		**19 S**	
4 S		20 M	Week 38
5 S		21 T	
6 M	Week 36	22 W	
7 T		23 T	
8 W		24 F	
9 T		25 S	
10 F		**26 S**	
11 S		27 M	Week 39
12 S		28 T	
13 M	Week 37	29 W	
14 T		30 T	
15 W			
16 T			

October 2010 Oktober Octobre Ottobre Octubre Oktober

1 F		**17 S**	
2 S		18 M	Week 42
3 S		19 T	
4 M	Week 40	20 W	
5 T		21 T	
6 W		22 F	
7 T		23 S	
8 F		**24 S**	
9 S		25 M	Week 43
10 S		26 T	
11 M	Week 41	27 W	
12 T		28 T	
13 W		29 F	
14 T		30 S	
15 F		**31 S**	
16 S			

November Noviembre Novembre Novembre November **November 2010**

1 M	Week 44	17 W
2 T		18 T
3 W		19 F
4 T		20 S
5 F		**21 S**
6 S		22 M Week 47
7 S		23 T
8 M	Week 45	24 W
9 T		25 T
10 W		26 F
11 T		27 S
12 F		**28 S**
13 S		29 M Week 48
14 S		30 T
15 M	Week 46	
16 T		

December Diciembre Dicembre Décembre Dezember **December 2010**

1 W		17 F
2 T		18 S
3 F		**19 S**
4 S		20 M Week 51
5 S		21 T
6 M	Week 49	22 W
7 T		23 T
8 W		24 F
9 T		25 S
10 F		**26 S**
11 S		27 M Week 52
12 S		28 T
13 M	Week 50	29 W
14 T		30 T
15 W		31 F
16 T		

Addresses Adressen Adresses Indirizzi Direcciones Adressen

Adressen Direcciones Indirizzi Adresses Adressen **Addresses**

✉   ☎/@

Addresses Adressen Adresses Indirizzi Direcciones Adressen

✉   ☎/@

Adressen Direcciones Indirizzi Adresses Adressen **Addresses**

✉   ☏/@

Addresses Adressen Adresses Indirizzi Direcciones Adressen